Petrasch – Pattillo-Hess (Hrsg:) BROCH ODER DIE ANGST VOR DER ANARCHIE

Hrsg.: Wilhelm Petrasch & John Pattillo-Hess

HERMANN BROCH

ODER DIE ANGST VOR DER ANARCHIE

WIENER URANIA SCHRIFTENREIHE 2

MIT FÖRDERUNG DES LUDWIG BOLTZMANN-INSTITUTS FÜR
INTERNATIONALE KULTUR- UND WIRTSCHAFTSBEZIEHUNGEN

Die Beiträge dieses Buches wurden als Referate im Rahmen des Symposions „Hermann Broch oder die Angst vor der Anarchie" gehalten, das – mit finanzieller Unterstützung des Ludwig Boltzmann-Instituts für Internationale Kultur- und Wirtschaftsbeziehungen – im Volksbildungshaus Wiener Urania vom 22. bis 25. Jänner 1992 stattfand.

Umschlaggestaltung: Patricio Handl
Datenkonvertierung: PCG, Wien
Druck: REMA*print*, Wien
ISBN 3-901213-02-3

Inhaltsverzeichnis

Vorwort ... 7

Die Weltganzheit als Zeichen gegen die Anarchie ... 9
Wilhelm Petrasch

Politische Gleichgültigkeit nämlich ist ethischer Perversion recht nah verwandt ... 22
Kurt Bartsch

Aufklärung durch Mythos und Mystik bei Hermann Broch ... 33
Burghart Schmidt

Wahrheit und Tragik der Anarchie ... 47
Endre Kiss

Hermann Broch: Verzaubertes Vokabular ... 54
Andreas Puff-Trojan

Zerfall der Werte oder Die Anarchie der Sachlichkeit ... 67
Tamás Lichtmann

Hermann Broch in der Kritik der *konservativen* Revolution ... 77
Hubert Orlowski

Ein politischer Philosoph schweigt und wird zum Dichter ... 89
Michael Benedikt

Die Autoren ... 101

Die Herausgeber ... 102

Vorwort

Unter dem Titel „Hermann Broch oder die Angst vor der Anarchie“ fand 1992 ein Symposion in der Wiener Urania statt. Dieses Buch beinhaltet die Vorträge der Tagung. Nicht alle Referate beschäftigen sich direkt mit der Thematik, aber ausnahmslos deuten sie an, was damit gemeint ist. Manche mögen diese Anarchieangst als berechtigt empfinden, andere den mangelnden Mut beklagen, einsichtig wird jedoch, daß der Figurenreichtum, der Brochs Geist bevölkerte, diesen zur philo- und ontogenetischen Erkenntnis zwang, den Menschen – und dies im Gegensatz zu anderen Geschöpfen – als ein anarchisches und verwandlungsreiches Tier einzustufen.

Im ersten Teil seines Essays *Die Demokratie im Zeitalter der Versklavung* schreibt er: „Sowohl aus triebhaften wie aus praktischen Gründen braucht das Tier das Nebentier, der Mensch den Nebenmenschen. Doch darüber hinaus besitzt der Mensch – und das hängt vor allem mit seiner dem Tier unerreichbaren Vernunftbegabung und Bewußtseinshöhe, einschließlich der seines Todesbewußtseins, zusammen – anarchische Tendenzen: Die sogenannten Freiheitstendenzen des Menschen sind (zu einem sehr großen Teil) ganz anderer Art als die des Tieres, das einem ihm auferlegten Zwang, z. B. dem des Käfigs, zu entgehen trachtet, um in seine eigene (triebhaft vorgezeichnete) Naturordnung zurückkehren zu können; der Mensch widersetzt sich grundsätzlich jeglichem Zwang, will nichts dulden, was seinen individuellen Willen einschränkt, wünscht alle nur irgendwie möglichen Befriedigungen aus seiner Ungebundenheit zu gewinnen, sucht dieser alles zu unterwerfen (von allem also den Nebenmenschen) und ist demnach das ‚anarchische Tier‘.“

In den darauffolgenden Absätzen wird Freuds Einfluß auf Broch deutlich, wenn er meint, daß der Drang zur uneingeschränkten Anarchie mit der sozialen Ordnung in Widerspruch steht, da in jeder sozialen Ordnung ein *Stück Versklavung* steckt. Bekanntlich meinte Freud, daß dieser Konflikt sich sowohl bei Individuen wie in der Geschichte ausdrückt, als reale Impotenz und als Traum der Omnipotenz. Findet dieser Traum in Brochs Dichtung Platz, unser aller Impotenz in seinen politischen Schriften? Dies mögen Broch-Leser selbst entscheiden. Dieser Band soll ein bescheidener Anstoß sein, den Denker und Dichter Broch zu überdenken. Sekundärliteratur kann die ästhetische und intellektuelle Erfahrung der direkten Auseinandersetzung mit Broch nicht ersetzen.

Herausgeber dieses Bandes sind der Direktor der Wiener Urania, Dr. Wilhelm Petrasch, und ich. Es soll nicht unerwähnt bleiben, daß Herr Dr. Petrasch trotz seiner vielfältigen und intensiven Tätigkeit bei der intellektuellen wie organisatorischen Führung der Urania sich Zeit genommen hat, nicht nur am Konzept der Tagung aktiv teilzuhaben, daselbst ein Referat zu halten, sondern auch an der Entstehung dieses Buches mitzuwirken. Für dies alles möchte ich mich an dieser Stelle aufrichtig bedanken.

Wir bedanken uns beim Ludwig Boltzmann-Institut für Internationale Kultur- und Wirtschaftsbeziehungen, im besonderen für die Initiative des Herrn Botschafters i. R., Dr. Karl Fischer, dessen Unterstützung erst die Tagung wie diese Publikation ermöglichte.

Der Dank der Herausgeber gebührt auch Herrn Mario R. Smole für inhaltliche bzw. organisatorische Unterstützung.

John Pattillo-Hess, Winter 1993

Die Weltganzheit als Zeichen gegen die Anarchie

Hermann Broch und *Der Tod des Vergil*

Wilhelm Petrasch

I

Der Romancier, Philosoph und Kulturkritiker Hermann Broch zählt zu den bedeutendsten Autoren der deutschen Literatur dieses Jahrhunderts. Seine beiden Hauptwerke, die Romane „Die Schlafwandler" und „Der Tod des Vergil", haben in der Literatur- und Geistesgeschichte ihren festen Platz gefunden. In seinem Werk läßt sich derselbe geschichtliche Erfahrungsbereich – der Ausklang einer Epoche – erkennen wie im literarischen Schaffen von Franz Kafka, Robert Musil, Joseph Roth, Heimito von Doderer und Elias Canetti. Obwohl Broch immer wieder mit diesen Schriftstellern – und ebenso mit Heinrich und Thomas Mann, Hermann Hesse, Alfred Döblin, James Joyce, Aldous Huxley, André Gide oder Marcel Proust – zusammen genannt wird und sein Ruhm seit seinem Tod in den sechziger Jahren ständig wächst, ist er doch noch immer nicht genügend bekannt.

Hermann Broch wurde 1886 in Wien als Sohn eines reichen jüdischen Textilfabrikanten geboren, der aus Olmütz in Nordmähren gekommen war. Er studierte an der Technischen Hochschule in Wien und einer Textilfachschule im Elsaß, absolvierte die praktische Lehrzeit in deutschen und böhmischen Fabriken und bereiste anschließend Amerika. Dann arbeitete er in der Textilfabrik seines Vaters, deren Gesamtleitung er als kaum Dreißigjähriger übernahm. Kurz vor der Heirat, 1909, konvertierte er zum Katholizismus. Broch wurde zum Präsidenten des österreichischen Industriellenverbandes gewählt, er entfaltete eine rege Tätigkeit am Schlichtungsamt des österreichischen Gewerbegerichts und arbeitete leitend bei der Bekämpfung der Arbeitslosigkeit mit. 1927 verkaufte er gegen den Protest der Familie die Firma und entschloß sich, künftig als freier Schriftsteller zu leben. Er begann an der Universität Wien Mathematik, Philosophie und Psychologie zu studieren und bereitete sich für eine Auseinandersetzung mit der von ihm so bezeichneten „Massenpsychologie" und Problemen der politischen Massenbewegungen vor. 1929 brach er das Hochschulstudium ab, um konzentriert an seiner Romantrilogie „Die Schlafwandler" zu arbeiten. 1938 wurde er von der Gestapo verhaftet, nach kurzer Zeit über Intervention von James Joyce und anderer überraschend freigelassen und emigrierte über England und Schottland in die USA. Von New York zog er 1939 nach Princeton, wo er zunächst im Hause Einsteins, dann bei Erich Kahler wohnte. Ab 1949 war er Professor für deutsche Literatur an der Yale-Universität in New Haven (Connecticut). Er starb dort 1951.

Broch schrieb Romane, Novellen, Dramen, Lyrik, Essays, ästhetische, literatur-, zeit- und gesellschaftskritische, kultur- und geschichtsphilosophische sowie politische Arbeiten. Seine Werke zeigen, daß er sich wie kaum ein anderer deutscher Dichter seiner Zeit mit den Problemen der Moderne und insbesondere der zeitgenössischen Dichtung, mit ihrem Sinn und ihrer Zukunft, in vielfältiger und umfassender Weise auseinandergesetzt hat. Intensiv beschäftigte er sich mit dem modernen Roman und wendete sich wie Proust und Joyce von der traditionellen Form des Romans ab. Er konfrontiert den Leser unmittelbar mit Problemen und Formen und verwickelt ihn in schwierige gedankliche Prozesse. Seine Romane dienen nicht mehr der „Unterhaltung und Belehrung". Sie sind reich an Reflexion und Abstraktion, an Experimenten mit den herkömmlichen Formen und mit der Sprache. Dargestellte Psychologie, Tiefenpsychologie, Psychoanalyse spielen in ihnen eine bedeutende Rolle, aber Broch ging es um mehr: um Erkenntnis – nicht nur des Unbewußten, um Wesentliches, zutiefst Wirkliches, Ontisches. Und vor allem wollte er den Leser über seine Zeit aufklären, um ihm dadurch seine Verantwortung gegenüber dem Zeitgeschehen zu zeigen. Durch seine Dichtung wollte er eine ethische und das heißt für ihn zugleich eine politische Wirkung im praktischen Leben hervorbringen. Broch strebte nicht nach dem Ruhm eines Dichters und literarischen Neuerers, sondern mit Hilfe der Literatur kämpfte er um die Verteidigung der Menschenrechte, die Freiheit des Individuums, die Zukunft der Demokratie, die Sicherung des Friedens. Er wollte warnen vor der politischen Gewaltherrschaft des Faschismus und jeder totalitären Ideologie und engagierte sich für die Verwirklichung der „humanen Politik".

Dichten ist für Broch immer eine „Ungeduld der Erkenntnis".[1] Die Dichtung hat seiner Ansicht nach die Aufgabe, der Erkenntnis zu dienen, und er ist überzeugt, daß „neue Erkenntnis ... nur durch neue Form geschöpft werden" kann. Das traditionelle Geschichtenerzählen findet er nicht mehr zeitgemäß, er fordert vielmehr Werke, die ein Gesamtbild und eine Analyse der Zeit geben, die erkenntnistheoretisch, kritisch, experimentell in Form und Inhalt sind, die wissenschaftliche Fakten und philosophische Reflexionen miteinbeziehen und auch „jene Teile der Philosophie schlucken, die zwar metaphysischen Bedürfnissen entsprechen, dem derzeitigen Stande der Forschung aber gemäß heute als ‚unwissenschaftlich' oder, wie Wittgenstein sagt, als ‚mystisch' zu gelten haben. Die Zeit des polyhistorischen Romans ist angebrochen."[2]

Der moderne Roman muß „polyhistorisch" werden. Die Ansätze zur Erfüllung dieser Aufgabe sieht Broch in den großen Romanen seiner Zeit: in Thomas Manns „Zauberberg", Musils „Mann ohne Eigenschaften", Gides „Faux-Monnayeurs", Huxleys „Point Counter Point". Er kritisiert allerdings, daß in allen diesen Werken der Polyhistorismus „in Gestalt ‚gebildeter' Reden" untergebracht sei. Er meint, dies gehe nicht an, denn „der Roman ist Dichtung, hat also mit den Ur-Moventien der Seele zu tun, und eine ‚gebildete' Gesellschaftsschicht zum Romanträger zu erheben, ist eine absolute Verkitschung".[3] Anders sei dies bei James Joyce. Dieser habe am umfassendsten und am tiefsten die neue dichterische Aufgabe begriffen. Bei ihm sehe man *„im Gegensatz zu allen anderen!* die Tendenz, das Rational-Intellektuelle vom Psychischen abzutrennen, den Romanfluß aufzuheben und eine völlig andere Betrachtungsweise einzuschieben. Joyce hat mit dem Bildungs-Unwesen der anderen nichts zu tun – aber weder seine Methode noch seine souveräne Virtuosität sind nachzuahmen, ganz einfach, weil es einmalig ist".[4] Joyce sei auch der erste gewesen, „welcher in aller Deutlichkeit erkannt hat, daß die Zeit des Wald- und Wiesenromans vorbei ist, daß der Umbruch der Welt auch einen Umbruch des Dichterischen – soferne es überhaupt noch lebensberechtigt ist! – erfordert, und daß es um eine ganz andere und neue Art der Totalität geht, als je zuvor".[5]

Broch spricht dem neuen Roman eine „Totalitätsaufgabe" zu. Der alte Roman „war Bildungs-, war Sozial-, war Seelenroman" und deckte Partialgebiete ab. Der Roman hat „eine Welttotalität darzustellen, ...im besonderen die Lebenstotalität der von ihm vorgeführten Personen... der Mensch in seiner Ganzheit soll dargestellt werden, die ganze Skala seiner Erlebnismöglichkeiten, angefangen von den physischen und gefühlsmäßigen bis hinauf zu den moralischen und metaphysischen..." Dazu braucht der moderne Roman „eine viel größere Materialbreite als ehedem", er benötigt „eine Vielschichtigkeit, zu deren Etablierung die alte naturalistische Technik ... nicht ausreicht".[6]

Um der „Totalitätsforderung" zu genügen, ist es aber auch Aufgabe des polyhistorischen Romans, den „Geist" der Epoche aufzunehmen und „all die anonymen Epochekräfte zu erfühlen, deren Totalität, aufgefangen von den Spiegeln und Aber-Spiegeln des Werkes, in diesem aufstrahlt und vereinigt ist, vereinigt und zu solcher Leuchtkraft verwandelt, daß mit ihrem Glanz nicht nur die Gestalt des Helden, sondern auch die ganze Epoche und so die Totalität des Seins und Mensch-Seins von ‚innen' heraus erhellt wird..."[7] Den Namen eines Kunstwerkes verdient nach Broch ein Roman nur dann, wenn er „in sich die Welttotalität produziert (nicht als naturalistischer Weltabklatsch, sondern kraft seiner eigenen Weltautonomie)".[8]

Broch ist sich sehr wohl bewußt, daß es eine „Wunschwelt" ist, die damit zur Aufgabe des Dichterischen gesetzt ist. Denn er stellt fest: „Das unendliche, niemals erreichte Ziel der Wissenschaft, ein Totalitätsbild der Erkenntnis zu gewinnen, der unendliche, in der Realität niemals erfüllte Wunsch der Einzelwertsysteme, zur Absolutheit zu gelangen und eine Vereinigung zwischen allen rationalen und irrationalen Elementen des Lebens zu erzielen, das findet in der Kosmogonie und der einheitsstiftenden Syntax des Dichterischen zwar keine reale, wohl aber eine symbolhafte Erfüllung."[9]

Broch leistete durch seine kunsttheoretischen Schriften einen entscheidenden Beitrag zur Erfassung des so vielgestaltigen Komplexes „moderner Roman". Aber der „Denker" und der „Dichter" sind in Broch untrennbar. Er hat seine Aufgabe in theoretischen, aber auch in dichterischen Arbeiten verfolgt und wurde einer der großen Erneuerer der Romanform im 20. Jahrhundert. Die beiden Kernstücke seines Prosawerkes, die Romane „Die Schlafwandler" und „Der Tod des Vergil" sind repräsentativ für den modernen Roman überhaupt. Brochs Romantrilogie „Die Schlafwandler", in der das Zerbrechen der deutschen bürgerlichen Gesellschaft zwischen 1888 und 1918, gedeutet als Folge des „Zerfalls der Werte", geschildert wird, ist ein ungewöhnliches, radikales, virtuoses Experiment. Und über das grandiose Werk „Der Tod des Vergil", das sich seinem Inhalt nach „am ehesten mit den antiken Epen vergleichen" ließe, „da es wie diese das Erzählerische bis ins Kosmogonische steigert",[10] sagte Thomas Mann: „Es besteht kein Zweifel, daß es zu den höchsten Leistungen deutschen Schrifttums gehört, vor allem aber, daß es eines der wesentlichsten, neuartigsten Werke unserer Zeit ist – eine kühn konzipierte, originelle und erstaunliche Schöpfung, deren Magie jeden gefangennehmen muß, der in ihren Bannkreis gerät."[11]

Der Roman „Der Tod des Vergil" erschien 1945 in New York, gleichzeitig in deutscher und in englischer Sprache. Er entstand aus einer kürzeren Erzählung, die Broch 1937 im

Rundfunk zum geschichtsphilosophischen Thema „Literatur am Ende einer Kultur" vorgetragen hatte. Als er sich für diese Aufgabe vorbereitete, erinnerte er sich „der Parallelen zwischen dem ersten vorchristlichen Jahrhundert und dem unseren ...: Bürgerkrieg, Diktatur und ein Absterben der alten religiösen Formen".[12] Zudem wußte er „um die Legende, nach welcher Vergil die Aeneis hatte verbrennen wollen, und durfte daher – unter Akzeptierung der Legende – annehmen, daß ein Geist wie der Vergilsche nicht durch nichtige Gründe zu solcher Verzweiflungsabsicht getrieben worden ist, sondern daß der gesamte historische und metaphysische Gehalt der Epoche da mitgewirkt hat".[13] Der Reichtum des Themas, der Broch während der ersten Niederschrift aufging, veranlaßte ihn, Fragen wie Zweifel an der Dichtung, an ihrem Sinn, ihrer Berechtigung und Wirksamkeit, ihrer Erkenntnisfunktion, an jeder Kunst, die nur die Schönheit sucht, an der Schönheit als solcher – alles Themen auch der aktuellen Kunstdiskussion – in seinem Roman „Der Tod des Vergil" zu verarbeiten und zu beantworten. Hinzu kam noch ein mystisches Erlebnis, auf das er sich intensiv konzentrierte und das er dichterisch zu gestalten versuchte: sein persönliches Sterben. Die Bedrohung durch den Nationalsozialismus hatte auch in Österreich konkretere Formen angenommen, und Broch, der seine Flucht immer wieder hinausschob, sah sich zur Vorbereitung auf den Tod genötigt. „Zu einer solchen entwickelte sich die Arbeit am ‚Vergil'", schrieb er in einem Brief, in dem er erklärend feststellte: „Es war nicht mehr das Sterben des Vergil, es wurde die Imagination des eigenen Sterbens."[14]

Broch ging es in diesem Buch, wie er selbst mitteilte, um „eine Auseinandersetzung mit dem Todesproblem als solchem ... um die größtmögliche Annäherung an die Todeserkenntnis".[15] Nach einem langwierigen Arbeitsprozeß hat er den „Tod des Vergil" – einige Passagen sind sogar im Gefängnis geschrieben worden – in Amerika beendet. Und die Wirkung dieser großartigen Dichtung geht vor allem von der Tatsache aus: „Selten noch hat sich ein Werk – mit Ausnahme der großen religiösen – so nahe an das Phänomen des Sterbens herangewagt. Da es aber solches tut, umfaßt es auch die Ganzheit der Lebensphänomene, sowohl die des Dichters Vergil wie – getragen von seiner Zeitlosigkeit – unsere eigenen."[16]

II

Der Roman beginnt mit einem eindrucksvollen Auftakt. Vergil kommt an einem Septemberabend des Jahres 19 v. Chr. mit der Flotte des Kaisers Augustus aus Griechenland zurück und landet im Hafen Brundisium. Diese Beschreibung gehört zu den großartigsten Landschaftsschilderungen deutscher Sprache:

„Stahlblau und leicht, bewegt von einem leisen, kaum merklichen Gegenwind, waren die Wellen des adriatischen Meeres dem kaiserlichen Geschwader entgegengeströmt, als dieses, die mählich anrückenden Flachhügel der kalabrischen Küste zur Linken, dem Hafen Brundisium zusteuerte, und jetzt, da die sonnige, dennoch so todesahnende Einsamkeit der See sich ins friedvoll Freudige menschlicher Tätigkeit wandelte ... da war das Wasser beinahe spiegelglatt geworden; perlmuttern war darüber die Muschel des Himmels geöffnet, es wurde Abend, und man roch das Holzfeuer der Herdstätten ... Von den sieben hochbordigen Fahrzeugen, die in entwickelter Kiellinie einander folgten ... trug das mittlere ... unter Purpursegeln feierlich und groß das Zelt des Cäsars. Doch auf dem unmittelbar hinterdrein folgenden Schiffe befand sich der Dichter der Aeneis, und das Zeichen des Todes stand auf seine Stirn geschrieben.“[17]

Die naturalistische Darstellungstechnik zu Beginn des Romans, zu dem auch noch die Fahrt Vergils durch die Armenviertel der Stadt zählt, wobei die tierisch brüllenden Menschenmassen, der Gestank, Schmutz und Hunger in der „Elendsgasse“ und die Klassenunterschiede in der römischen Gesellschaft in minutiöser Exaktheit beschrieben werden, unterscheidet sich markant von dem Roman im übrigen. Hier wird eine äußere – physische, soziale, historische – Wirklichkeit registriert. In der Folge verläßt jedoch Broch die konventionelle Romanform, er legt den Schwerpunkt auf das innere, psychische Geschehen, und die Gedanken, Gefühle, Empfindungen, Assoziationen, Erinnerungen, Träume, Visionen, Fieberphantasien des sterbenden Dichters werden als Bewußtseinsstrom gestaltet. Die Entwicklung geht von einer äußeren Wirklichkeit über eine innere zu einer transzendent-metaphysischen Wirklichkeitsebene.

Der Roman „besteht aus etwa 600 Seiten philosophischer Lyrik“ und „schildert die letzten 18 Stunden des sterbenden Dichters Vergil“.[18] Er ist von Anfang bis Ende ein in der dritten Person geschriebener „innerer Monolog“, den Broch auch als „lyrischen Kommentar“ bezeichnet.[19] Die Schauplätze sind auf wenige beschränkt: das Schiff, den Weg zum Palast und das Krankenzimmer. Gegliedert ist der Roman in vier ungleich lange Kapitel: „Wasser – die Ankunft“, „Feuer – der Abstieg“, „Erde – die Erwartung“, „Äther – die Heimkehr“. Die Doppeltitel deuten auf eine Verwandtschaft zwischen den vier Elementen der antiken Philosophie und den geistigen Stationen Vergils hin. Wasser, Feuer, Erde und Äther entsprechen Vergils mystischen Phasen: Ankunft, Abstieg, Erwartung und Heimkehr. Die Vierteilung hat nach Broch auch musikalische Bedeutung, sie verweist auf klassische Formen und soll zeigen, „daß das ganze Buch durchaus nach den Prinzipien eines Quartettsatzes oder, vielleicht noch richtiger, nach denen einer Symphonie gebaut ist“.[20]

Der Roman zeigt in den Monologen des Sterbenden die seelische und geistige Selbstauflösung, die Vergil bis zu dem Kern des eigenen Ich hinabführt. Der Weg vom Hafen hinauf zum Palast des Augustus – Vergil wird in einer Sänfte durch die wartende Volksmenge getragen – wird Vergil zum Einstieg in die Unterwelt, zum Abstieg in sein innerstes Selbst. Er verwirft sein bisheriges Leben als ein Leben der Verantwortungslosigkeit. Als Mensch, Dichter und Erkenntnissucher glaubt er, stets versagt zu haben, er sieht sich zur Erkenntnislosigkeit verdammt. Immer deutlicher wird dem Sterbenden, daß nur die Erkenntnis des Todes zur metaphysischen Erkenntnis führen kann. Dieses Ziel setzt den orphischen Abstieg ins Dunkel voraus. Wie Orpheus will Vergil in den Hades eindringen, um Eurydike, beziehungsweise Plotia, seine einstige Geliebte, in deren Bild ihn die eigene Identifikations- und Liebesunfähigkeit anklagt, dem Vergessen zu entreißen. Aber er kommt nicht einmal zur ersten Stufe der Unterwelt, geschweige denn zum Ur-Vater:

„Oh, Los des Dichters! *Der Liebe Erinnerungsstärke hatte Orpheus den Eintritt in die Hadestiefe erzwungen, allerdings um ihm zugleich den letzten Abstieg zu verwehren, sodaß er, verloren in der Unterweltlichkeit des Gedächtnisses, zur vorzeitigen Umkehr genötigt war, unkeusch noch in der Keuschheit und zerrissen im Unheil. Er hingegen, lieblos von Anbeginn, unfähig das liebende Gedächtnis voranzuschicken und von keiner Erinnerung geführt, er war nicht einmal in die ersten Tiefen des erzbeherrschenden Vulcanus gelangt, geschweige denn zu den Bereichen der gesetzesstiftenden Väter, geschweige denn noch tiefer in die des weltgebärenden erinnerung-gebärenden, heil-gebärenden Nichts, und er war in der erstarrten Leere der Oberfläche geblieben.*“[21]

Nachdem Stück um Stück seiner Eigenliebe während des Abstiegs in die Elendsgasse abgefallen war – „jede Schmähung riß ein Stück Überheblichkeit von Vergils Seele, sodaß sie nackt wurde ... nackt vor Finsternis ... nackt vor Schuld...“[22] –, stürzt er durch die Schichten des Schreckens und Entsetzens, des Pöbelhaften, ins Zufällige, ins Namenlose hinab und will sich selbst vernichten. In der „Zerknirschung seines Selbst“ blickt ihm das Urchaos entgegen, und in dem Blick des Nichts löst sich sein Ich auf: „Das Ich war seiner selbst verlustig geworden, war beraubt seines Menschentums, von dem nichts geblieben war, nichts als die nackteste Nacktheits-Schuld der Seele, sodaß auch sie ... nun nichts mehr war als zerknirscht leere Nacktheit...“[23] Indem Vergil sich zur „Auslöschung und Selbstauslöschung“ bezwingt, setzt die geistige Neuorientierung, die „Wiedergeburt“ langsam ein. In seinem „Abstieg“ hat er Schale um Schale von seiner Person abgestreift, er hat sich seines Ichs entäußert. Er stößt unter die „Oberfläche“ auf das Absolute und erfährt eine Erweiterung zum Unendlichen hin, zur Einigung mit dem All. In einer Offenbarung erfährt er die Gnade des „Vateraufrufs“: „Öffne die Augen zur Liebe.“[24]

Den Weg in die Unterwelt des Elendsviertels und dadurch den Weg der Selbsterkenntnis weist Vergil ein Knabe, der sich ihm zugesellt hat und der stets an seiner Seite steht. Er ist von Anfang an da, als innerer Gefährte, als Begleiter, und schwebt voran „als Führergebärde, als weisende Hand, als strahlende Weisung“.[25] Er sagt dem Vergil: „Dein Weg ist Dichtung, dein Ziel ist jenseits der Dichtung.“[26]

Für den Knaben Lysanias, das heißt „der Leidenlösende“, eine archetypische Figur, gibt es viele Interpretationen. Er trägt die Attribute des Knabengottes und Totengottes Telesphoros und hat als Führer ins Totenreich auch hermeshafte Züge. Als Psychopompos geleitet er Vergils Seele aus dem Diesseits ins Jenseits.[27] Lysanias, „das göttliche Kind“, „hinfliegende Geniengestalt“,[28] ist Kindheit schlechthin, Vergils eigene Kindheit und Jugend, Führer durch die Zeiten, in die reine Unendlichkeit, Verkündigung einer neuen Zeit, das „Noch nicht, und doch schon... Zwischen zwei Zeiten“[29] – sein Leitmotiv, das sein Wesen im Tiefsten erklärt.

Das, was Vergil, den Dichter, am stärksten bedrückt, ist die Dichtung. Seine Meditationen gelten der Frage der Erhaltung oder Vernichtung seines Epos: der „Aeneis“, deren Manuskript er mit sich führt. Er prüft die Dichtung auf ihren Sinn angesichts der historischen Veränderungen und des Todes. Schon während der Seefahrt meditiert er, daß er als Dichter, und das heißt als Berater und Führer, nichts erreicht hat, denn „nichts vermag der Dichter, keinem Übel vermag er abzuhelfen; er wird nur dann gehört, wenn er die Welt verherrlicht, nicht jedoch, wenn er sie darstellt, wie sie ist. Bloß die Lüge ist Ruhm, nicht die Erkenntnis!“[30] Ruhm ist die Frucht der Lüge, nicht der Erkenntnis. Der Erfolg ist ihm zuteil geworden, nicht die Erkenntnis.

Vergil weiß, daß Dichtung, wie er sie gepflegt hat, keine Erkenntnis vermitteln kann, aber er fühlt auch, daß Dichtung auf ein zu Erkennendes hinweist, denn „jedes wahre Lied“ ist „erkenntnisahnend, erkenntnisträchtig, erkenntnisweisend“[31] und stellt die Welt als ein Ganzes dar. Dichtung „ist schauendes Warten im Zwielicht ... ist Warten an der Schwelle...“,[32] und wenn sie „den atembeklommenen, atemraubenden Sekundenabgrund zwischen den Worten aufreißt...“, zeigt sie „todesahnend und lebensumspannend... die

Ganzheit des Alls",[33] sie ist die „seltsamste aller menschlichen Tätigkeiten, die einzige, die der Todeserkenntnis dient".[34] Durchdrungen von der Sehnsucht nach Erkenntnis sucht Vergil das ordnende, einigende, erhellende Gesetz. Er denkt an den „Schöpfungseid",

„den Eid, mit dem Gott und Mensch sich gegenseitig verpflichtet haben,
verpflichtet zur Erkenntnis und wirklichkeitsschaffenden Ordnung,
verpflichtet zur Hilfe, welche die Pflicht zur Pflicht ist".[35]

Aber dieser Eid ist gebrochen worden. Tugendhaft ist, wen „das Schicksal zur gemeinschaftstragenden, helfenden Pflichterfüllung bestimmt hat",[36] der Dichter aber ist verdammt „zum bloßen Aufschreiben und bloßen Sagen", er ist „hilfsunfähig, hilfsunwillig, hilflos in der Gemeinschaft, gemeinschaftsscheu und eingeschlossen in den Kerker der Kunst", der goldene „Zweig der Führung", der „Zweig der Erkenntnis" sind ihm versagt.[37] Er verfehlt „die Pflicht, die irdische Pflicht, die Pflicht zur Hilfe, die Erweckungspflicht".[38]

Vor allem, wenn er sich, wie er es getan hat, der Schönheit hingibt. Denn die Schönheit kann keine Wirkung ausüben im metaphysisch-ethischen Sinn, „das Widersprechendste" findet sich in ihr „in Gleichrangigkeit und Bedeutungsgleichheit" aufgelöst, sie verzichtet „auf die Unterscheidung von Gut und Böse, entfliehend der menschlichen Erkenntnispflicht..." ist sie „ein Rückfall ins Vor-Göttliche". „Wissenlosigkeit ist das Wissen der Schönheit, Erkenntnislosigkeit ist ihr Erkennen."[39]

Vergil verwirft seinen eigenen Weg als Dichter, den Weg der „verlogenen Hilfeleistungs-Hoffnungen, mit denen er ... sein Dichtertum ausgestattet hatte, wider besseres Wissen hoffend, es werde die Macht der Schönheit, es werde des Liedes Zauberkraft den Abgrund der Sprachstummheit zu guter Letzt überbrücken und ihn, den Dichter, zum Erkenntnisbringer in der wiederhergestellten Menschengemeinschaft erhöhen..."[40] Wer als Dichter der Schönheit verhaftet ist, ist „Rauschbringer", nicht „Heilsbringer": „Der heilsbringende Führer nämlich hat die Sprache der Schönheit abgestreift, er ist unter ihre kalte Oberfläche, unter die Oberfläche der Dichtung gelangt, er ist zu den schlichten Worten vorgedrungen, die kraft ihrer Todesnähe und Todeserkenntnis die Fähigkeit gewonnen haben, an die Versperrtheit des Nebenmenschen zu pochen, seine Angst und seine Grausamkeit zu beruhigen und ihn der echten Hilfe zugänglich zu machen, er ist vorgedrungen zu der schlichten Sprache unmittelbarer Güte, zur Sprache der unmittelbaren Tugend, zur Sprache der Erweckung."[41]

Vergil erteilt dem artistisch-ästhetischen Element der Kunst eine Absage. Seine noch unvollendete „Aeneis" scheint ihm im Ästhetischen steckengeblieben zu sein, denn seine Dichtung ist „bar jeglicher Erneuerung und Erweiterung, nichts als unkeusche Schönheitserzeugung ohne Wirklichkeitsschöpfung..., da sie vom Anfang bis zum Ende der Schönheit gefrönt hatte".[42] Das Schöne hatte er an die Stelle der Erkenntnis gesetzt, „unfähig war er zur tätigen Hilfe, unfähig ... zur liebenden Tat".[43] Vergil will nun „alles, was dem Scheinleben gedient und es ausgemacht hatte, ...alles Getane, alles, was er je geschrieben und gedichtet hatte"[44] vernichten – und er ringt sich zu dem Opfer durch, sein Epos, die „Aeneis" zu verbrennen.

Dieses Opfer will Vergil bringen, indem er seine Schuld erkennt: die unterlassene Hilfe dem Nächsten gegenüber, die unterlassene Liebe und die Unfähigkeit zu ihrer Gemeinschaft. Im tiefsten Punkt seiner Selbstkritik erlebt Vergil als Traum im Traum eine neue Wirklichkeit. „Noch nicht und doch schon", zwischen Vergangenheit und Zukunft, an dieser Schwelle erfährt er als die einzig unbezweifelbare Wirklichkeit – die Liebe: „Es gibt nur ein Gesetz, das Gesetz des Herzens! Die Wirklichkeit, die Wirklichkeit der Liebe!"[45] Denn „hoch über dem Gesetz der Schönheit, hoch über dem Gesetz des Künstlers … steht das Gesetz der Wirklichkeit, steht – göttliche Weisheit Platons – der Eros in des Seins Ablauf, steht das Gesetz des Herzens, und wehe einer Welt, die dieser letzten Wirklichkeit vergessen hat." Schlechthin: „Die Wirklichkeit ist die Liebe."[46]

Eine Schlüsselstelle innerhalb des Werkes nimmt das Gespräch zwischen Vergil und Augustus ein. Das Gesetz der Liebe, das Prinzip des Handelns werden muß und das erst durch die Tat fruchtbar wird, gibt dieser Begegnung die entscheidende Richtung. Augustus und Vergil verkörpern verschiedene geistige Welten, zwei entgegengesetzte philosophische Haltungen. Vergil hat erkannt, daß die einzige Wirklichkeit des Absoluten in der Welt die Liebe ist, er ist Diener einer Geistigkeit, in der die höchste Sittlichkeit das Gesetz ist. Augustus ist der Repräsentant der höchsten irdischen Macht. Der eine spricht kraft „ahnender Liebe", der andere im Namen des Staates, „der des Menschen oberste Pflicht ist von Anbeginn an". Die Mißverständnisse zwischen der religiösen und der politischen Persönlichkeit werden unüberbrückbar. Augustus will die Aeneis als Verherrlichung seiner Herrschaft an sich bringen, Vergil will sie, da er sie „erkenntnislos" findet und „das Erkenntnislose der Erkenntnis weichen muß", vernichten. Vergil, der sein Werk zum Opfer bestimmt, weiß aber auch, daß zum Opfer Demut gehört, und daß die Aufgabe der Zeit „die Tat ist… nicht das Wort, nicht die Kunst … nur die dienend hilfreiche Tat … ist stärker als das Schicksal".[47] Und die wirkliche „Erkenntnistat" muß eine Tat der Liebe sein. Er bezwingt sich abermals. Aus Liebe zu Augustus verzichtet Vergil auf sein Opfer und bringt das von ihm geforderte: Er überläßt dem Herrscher die Aeneis, er eignet sein Kunstwerk dem Augustus zu.

Die lange Auseinandersetzung zwischen Vergil und Augustus offenbart aber noch etwas anderes – die übliche Lösung des Konflikts zwischen derartig radikalen Haltungen: „Im praktischen Leben obsiegt die politische Lebenshaltung (die in diesem Fall zur Rettung des Manuskriptes der Aeneis führt), während im geistigen Bereich die rein ethisch philosophische Auffassung unwiderlegbar bleibt."[48]

Nun ist Vergil befreit von seinem Eigennutz, seines ganzen Selbst und aller Dinge ledig. Er ist bereit zum Tode. Der Raum der letzten Einheit und Geborgenheit öffnet sich für ihn. Sein Sterben ist „Heimkehr" in den Urgrund, in die Urwirklichkeit, zur paradiesischen Harmonie. Der Ausgleich der Elemente und die Versöhnung aller Gegensätze wird zum Ereignis. Vergangenheit, Gegenwart und Zukunft vereinen sich „zur fließenden Gleichzeitigkeit, in der das Ewige ruht, …denn der Ring der Zeit hat sich geschlossen, und das Ende war der Anfang".[49]

Vergils Aufstieg vollzieht sich in einem eigentümlich rücklaufenden Bewußtseinsstrom, einer umgekehrten Genesis, die in der Literaturgeschichte einmalig sein dürfte. In mystischer Ekstase versinkt Vergil in der kosmischen Welt. Licht und Finsternis stürzen ineinander, und in den letzten Visionen erblickt Vergil „das Bild des Knaben im Arme der Mutter",[50] das ihn das kommende Christentum erahnen läßt. Ein Brausen erfaßt Vergil, und im hymnischen Aufschwung der Seele in die Welt des reinen Geistes, anspielend an den Prolog des Johannesevangeliums, endet der Roman: „Das reine Wort, das es war, erhoben über alle Verständigung und Bedeutung, endgültig und beginnend, gewaltig und befehlend, furchteinflößend und beschützend, hold und donnernd, das Wort der Unterscheidung, das Wort des Eides, das reine Wort, so brauste es daher, brauste über ihn hinweg... vergehend das All vor dem Worte, aufgelöst und aufgehoben im Worte, dennoch im Worte enthalten und aufbewahrt ... neuerschaffen für ewig... das Wort schwebte über dem All, schwebte über dem Nichts, schwebte jenseits von Ausdrückbarem und Nicht-Ausdrückbarem, und er, von dem Worte überbraust und von dem Brausen eingeschlossen, er schwebte mit dem Worte, indes, je mehr es ihn einhüllte, je mehr er in den flutenden Klang eindrang und von ihm durchdrungen wurde, desto unerreichbarer und größer, desto gewichtiger und entschwebender wurde das Wort, ein schwebendes Meer, ein schwebendes Feuer, meeresschwer und meeresleicht, trotzdem immer noch Wort; er konnte es nicht festhalten, und er durfte es nicht festhalten, unerfaßlich, unaussprechbar war es für ihn, denn es war jenseits der Sprache."[51]

III

Der innere Monolog steigert sich am Ende des Werkes zu einem Ausdruck der Ekstase. In mythischen Bildern wird die mystische Selbstentgrenzung veranschaulicht. Das All-Eine will denkend und fühlend erfaßt werden, in einer Sprache, die über sich selbst hinausdrängt, die hinter das Abbild zum Urbild vorzudringen sucht. Im „Tod des Vergil" wird Geistiges, Unsagbares in Bildern, Vergleichen und Paradoxien sichtbar gemacht. Als Stilmittel werden zahlreiche Steigerungen, Häufungen, Hyperbeln, Antithesen, Oxymora und abstrakte Wortbildungen angewandt. Die rhythmisch-flutende, wiegende, beschwörende Sprache mit ihren unzähligen Wortvariationen, litaneihaften Wiederholungen und Wort-Neubildungen verleiht dem Werk – obwohl sie es dem Leser nicht leicht macht – eine faszinierende Ausstrahlung. Wenn es auch Stellen gibt, in denen das Vokabular des Pöbels mit seinen vulgären Kraftausdrücken verwendet wird, so gleitet doch überwiegend das Sprechen immer wieder ins Hymnische hinüber, und wiederholt geht der lyrische innere Monolog in wirkliches Gedicht über, wie etwa die Elegien – wie überhaupt nach Broch das Ganze „ein Gedicht" ist „und nichts anderes".[52]

Über den Stil und dessen bestimmendes Element sagt Broch selbst: „Er trachtet in jedem Darstellungsmoment das Kontradiktorische der Seele zur Einheit zu bringen... unaufhörlich, die gesamte ... Motivenfülle in Bewegung zu erhalten... und eben hiedurch, die Simultaneität des Geschehens allüberall festzuhalten."[53] Die strömende Sprachbewegung will „in einem einzigen Gegenwartspunkt"... „die Einheit des Gesamtlebens, einschließend die Vergangenheit und sogar die Zukunft"[54] deutlich machen. Bewußtes und Unbewußtes, Rationales und Irrationales, Erinnerungen, Ahnungen, Prophetisches und Visionäres sollen zur Einheit zusammenfinden. Es ist dies eines der schwersten Probleme der Epik, ja alles Dichterischen: „Das Nacheinander der Eindrücke und des Erlebens zur Einheit zu bringen", also das, was sich zeitlich folgt, in einem Augenblick zusammenzuschauen. Um die Einheit des simultan Ablaufenden einigermaßen vermitteln zu können, muß versucht werden, eine sprachliche Aufhebung der Zeit zu erreichen. In der Darstellung geht es dabei „um die Gleichzeitigkeit der unendlichen Facettierungsmöglichkeit des Symbolhaften", darum, „die Unendlichkeit des Unerfaßlichen, in dem die Welt ruht und die ihre Realität ist, mit Symbolketten einzufangen und zu umranken, die möglichst gleichzeitig zum Ausdruck gebracht werden sollen; und wenn auch dieses Streben nach Simultaneität... nicht den Zwang durchbrechen kann, daß das Nebeneinander und Ineinander durch ein Nacheinander ausgedrückt werde, das Einmalige durch die Wiederholung, so bleibt die Forderung nach Simultaneität trotzdem das eigentliche Ziel alles Epischen..."[55]

Broch, der einen neuen Zugang zu diesem Problem zu finden suchte, bediente sich dazu einer Methode, die er als „musikalische" bezeichnet. „Der Tod des Vergil" ist stark von musikalischen Elementen durchdrungen, er ist geradezu „durchkomponiert", nachgebildet den Sätzen einer Symphonie, wobei auch „das Motivenmaterial, ähnlich der musikalischen Variation wiederholt und in der Wiederholung entfaltet" wird. Das Streben nach Simultaneität, nämlich – nochmals anders ausgedrückt – „Situationen eines einzigen Augenblicks in zeitlicher Aufeinanderfolge" darzustellen „und trotzdem die Augenblicksimpressionen" festzuhalten, versucht Broch mit Hilfe der Musikalität einer neuen Lösung zuzuführen. Er will dem Leser eine umfassende Einheit und Geschlossenheit bieten, wie eine Symphonie dem Hörer ein „Einheitserlebnis" ermöglichen muß.[56]

Da von den Dichtungsgattungen die Lyrik seit jeher am stärksten der Musik verbunden ist, bildet sie den „Grundstock der Brochschen Darstellungsweise". Zudem erfaßt das Lyrische „die tiefsten seelischen Realitäten", in denen „die irrationalen Sphären des Gefühls und die rationalen des klarsten Verstandes gleichrangig eingeschlossen" sind, und „nur das Lyrische vermag" die „Einheit der antinomischen Gegensätze (nämlich von Rationalität und Irrationalität) herzustellen".[57] Durch die dichterisch-musikalische Struktur bringt Broch etwas durchaus Neues in die Romanform, die in ihrer neuartigen Technik Epik, Lyrik und Musik in sich vereinigt.

Broch sprengt und erneuert die konventionelle Romanform, da diese unfähig ist, die Ganzheit der modernen Wirklichkeit zu fassen. Er hat eine „Gesamtform" als Ziel, ein „Dichtwerk", das „in seiner Einheit die gesamte Welt" umfaßt, „die Kosmogonie der Welt" spiegelt, „die Unendlichkeit des ethischen Willens aufleuchten" läßt.[58] Broch spricht auch davon, daß der Roman auf den Uranfang der Welt und die uranfänglichen und ewigen Probleme des Menschseins zu zielen habe, ins „Mythische" vorstoßen müsse und könne. In einer Zeit „der unbedingtesten Radikalisierungen aller Werte" ist „die Kunst dorthin verwiesen worden, wo ihr eigentlichster Stoff ruht, auf jenen Stoff, um den sich *alle* Kunst seit jeher bemüht hat, nämlich auf den *Tod an sich,* den großen pacemaker aller metaphysischen Erkenntnis"... und „die engste Annäherung des Menschen an die Todeserkenntnis" ist „immer noch... der Mythos" gewesen.[59]

Broch und sein Vergil sehnen sich danach, die Dichtung noch einmal echten Mythos werden zu lassen. Denn „tief im Unbewußten aller Kunst, aller großen Kunst ruht der Wunsch, nochmals Mythos werden zu dürfen, nochmals die Totalität des Universums darzustellen". Zudem enthüllt sich im Mythischen „der Menschenseele Grundbestand". In „Mythos und Logos" vollzieht sich „das Erfassen der Welt: sie sind die beiden Urbilder von Inhalt und Form" und „repräsentieren das Zeitlose schlechthin", sie verbürgen „die Einheit des über die Zeiten hin erstreckten Menschengeschlechtes", und „es wird damit dem Menschen auch das ahnende Wissen um die Zeitlosigkeit seines Ichs gewährleistet". Mythos und Logos in ihrer Einheit umfassen „die Totalität der menschlichen Wesenheit". Und „aller Mythos gipfelt in Kosmogonie; er ist das Ur-Bild des Aussagbaren".[60]

Aber mit Vergil resigniert Broch für seine Zeit vor dieser hohen Aufgabe, da er weiß:

vorderhand gibt es den modernen Mythos nicht, er ist „noch nicht geboren". Und „die Erzeugung eines Mythos läßt sich nicht auf Kommando bewerkstelligen, nicht einmal aus Sehnsucht".[61] Doch Broch hofft, daß einstens wieder eine Zeit anbrechen wird, in der es den großen Mythos geben wird, und in einem seiner Essays sagt er: „Es ist möglich, daß ein Dichter erstünde, dem es vergönnt sein wird – ein Homer der Moderne –, den neuen Mythos zu formen..."[62]

Im „Tod des Vergil" sind die griechisch-römische wie die jüdische Mythologie erfaßt, umgewandelt, durchsetzt von den modernen Erkenntnissen der Tiefenpsychologie. Überreichlich finden sich philosophische und literarische Bezüge: Platonismus, Mystik, Geschichtsdenken, Phänomenologie, Expressionistisches, Existenzphilosophie, Humanismus in moderner Prägung, Joyce, Kafka, Goethe. Neben dem „Ulysses" von Joyce, „Joseph" und „Doktor Faustus" von Thomas Mann gilt der „Tod des Vergil" als „novel to end all novels", als ein „Endbuch", das die Möglichkeiten des Romans zu einem Extrem führt. Die Form ist nicht zu wiederholen. Egon Vietta charakterisiert: „Über Brochs ‚Tod des Vergil' gibt es keinen Weg hinaus, die Gattung Roman ist damit zu Ende geführt und zugleich durch ein Novum überwunden."[63]

Nach dem Erscheinen des „Vergil" betonte Broch, die Dichtung sei für ihn keine sinnvolle Ausdrucksform mehr, denn er glaubt, daß er, auch wenn es ihm gelänge, „noch weitere Realitätsebenen aufzudecken... kaum ins gelobte Land der neuen Kunstform, der neuen Kunstrealität dringen würde".[64] Er wendet sich politischen und pädagogischen Projekten zu, entwirft Denkschriften, verfaßt Studien und Essays zur theoretischen Politik, zum Massenwahn und Faschismus, zur Theorie der Demokratie und zur Friedensforschung. Er glaubt damit die Aufgabe des Schriftstellers besser erfüllen zu können: „das Humane zu verteidigen".

Broch war ein hervorragender Denker, ein großer Erzähler und glänzender Stilist, ein kühner Experimentator mit der Romanform. Und zudem ein großer Moralist. Sein „Tod des Vergil" hat uns allen etwas zu sagen: diese Hymne auf die Sprache, auf die Freiheit von Logos und Mythos, dieses geistige Abenteuer!

Anmerkungen

(Die Abkürzung KW steht für Kommentierte Werkausgabe. Hrsg. von Paul Michael Lützeler, Frankfurt am Main 1974 ff.)

1 Hermann Broch, *Das Weltbild des Romans,* in: KW, Bd. 9/2, S. 116 und 209
2 Brief an Daniel Brody, 5. 8. 31, KW, Bd. 13/1, S. 151
3 Ebd., S. 151
4 Ebd., S. 151
5 Brief an Daniel Brody, 19. 10. 34, KW, Bd. 13/1, S. 299
6 Hermann Broch, *Die Schuldlosen, Entstehungbericht,* KW, Bd. 5, S. 324
7 Hermann Broch, *James Joyce und die Gegenwart,* in: KW, Bd. 9/1, S. 67
8 Brief an Friedrich Torberg, 10. 4. 43, KW, Bd. 13/2, S. 320
9 Hermann Broch, *Das Weltbild des Romans,* in: KW, Bd. 9/2, S. 116
10 Hermann Broch, *Der Tod des Vergil, Technische Bemerkungen zur Übersetzung,* KW, Bd. 4, S. 490
11 *Materialen,* in: Suhrkamp Literatur Zeitung, Nr. 6/2. Programm, Frankfurt/Zürich/Wien 1976

12 Brief an Hermann J. Weigand, 12. 2. 46, KW, Bd. 13/3, S. 63
13 Ebd., S. 63 f.
14 Ebd., S. 65
15 Brief an Hermann Ullstein, 1. 7. 46, in: *Materialien zu Hermann Broch „Der Tod des Vergil"*, hrsg. von Paul Michael Lützeler, Frankfurt am Main 1976, S. 211. Vgl. Brief an Friedrich Torberg, 10. 4. 43, KW, Bd. 13/2, S. 320
16 Brief an Kurt Wolff, Ende 43, in: *Materialien zu Hermann Broch „Der Tod des Vergil"*, a. a. O., S. 216
17 Hermann Broch, *Der Tod des Vergil,* KW, Bd. 4, S. 11
18 Brief an Werner Richter, 4. 4. 40, in: *Materialien zu Hermann Broch „Der Tod des Vergil"*, a. a. O., S. 207. Vgl. Hermann Broch, *Der Tod des Vergil,* KW, Bd. 4, S. 473
19 Hermann Broch, *Der Tod des Vergil,* KW, Bd. 4, S. 470 f.
20 Ebd., S. 475
21 Ebd., S. 150
22 Ebd., S. 41
23 Ebd., S. 153
24 Ebd., S. 210
25 Ebd., S. 427
26 Ebd., S. 59
27 Vgl. Walter Hinderer, *Die Personen in „Der Tod des Vergil"*, in: *Materialen zu Hermann Broch „Der Tod des Vergil"*, a. a. O., S. 280 ff.
28 Hermann Broch, *Der Tod des Vergil,* KW, Bd. 4, S. 428
29 Ebd., S. 60, S. 188 f., S. 315
30 Ebd., S. 15
31 Ebd., S. 22 f.
32 Ebd., S. 63
33 Ebd., S. 80
34 Ebd., S. 77
35 Ebd., S. 123
36 Ebd., S. 136
37 Ebd., S. 131, S. 137
38 Ebd., S. 126
39 Ebd., S. 112 f.
40 Ebd., S. 128
41 Ebd., S. 130
42 Ebd., S. 135
43 Ebd., S. 145
44 Ebd., S. 167
45 Ebd., S. 232
46 Ebd., S. 234 f.
47 Ebd., S. 205, S. 334
48 *Hermann Brochs Kommentare,* in: KW, Bd. 4, S. 469
49 Hermann Broch, *Der Tod des Vergil,* KW, Bd. 4, S. 453
50 Ebd., S. 452
51 Ebd., S. 453 f.
52 *Hermann Brochs Kommentare,* in: KW, Bd. 4, S. 493
53 Ebd., S. 475 f.
54 Ebd., S. 475
55 Hermann Broch, *James Joyce und die Gegenwart,* in: KW, Bd. 9/1, S. 72 f.
56 *Hermann Brochs Kommentare,* in: KW, Bd. 4, S. 474 f., S. 490

[57] Ebd., S. 473 f.
[58] Hermann Broch, *Das Weltbild des Romans,* in: KW, Bd. 9/2, S. 115
[59] Brief an Friedrich Torberg, 10. 4. 1943, KW, Bd. 13/2, S. 319 f.
[60] Hermann Broch, *Die mythische Erbschaft der Dichtung,* in: KW, Bd. 9/2, S. 202 f.
[61] Hermann Broch, *Geist und Zeitgeist,* in: KW, Bd. 9/2, S. 197
[62] Ebd., S. 199
[63] Albert Fuchs, *Broch: Der Tod des Vergil,* in: *Der deutsche Roman vom Barock bis zur Gegenwart,* hrsg. von Benno von Wiese, Düsseldorf 1965, S. 360
[64] Brief an Friedrich Torberg, 10. 4. 1943, KW, Bd. 13/2, S. 322

Literatur

Hermann Broch, Kommentierte Werkausgabe in 17 Bänden in den Suhrkamp Taschenbüchern, hrsg. von Paul Michael Lützeler, Frankfurt am Main 1974 ff.

Materialien zu Hermann Broch „Der Tod des Vergil“, hrsg. von Paul Michael Lützeler, Frankfurt am Main 1976

Suhrkamp Literatur Zeitung, Nr. 6/2. Programm, Frankfurt/Zürich/Wien 1976

Hermann Broch, Perspektiven der Forschung, hrsg. von Manfred Durzak, München 1972 (20 Beiträge der Forschung, u. a. von: Canetti, Arendt, Brinkmann, Hinderer, Jaffé, Faber du Faur, Durzak, Lützeler)

Albert Fuchs, Broch: Der Tod des Vergil, in: Der deutsche Roman vom Barock bis zur Gegenwart, hrsg. von Benno von Wiese, Düsseldorf 1965

Bengt Landgren, Hermann Brochs „Der Tod des Vergil“, Stockholm 1978

Politische Gleichgültigkeit nämlich ist ethischer Perversion recht nah verwandt[1]

Zur Problematisierung von Kleinbürgerlichkeit in Hermann Brochs Romanen *Die Schlafwandler* und *Die Schuldlosen*

Kurt Bartsch

Der Dichter Hermann Broch macht es seinen Interpreten nicht leicht. Da ist einmal seine starke Neigung zu philosophischen, geschichts-, wert- und massentheoretischen Reflexionen, die, wie immer sie auch einzuschätzen sind,[2] sich auch in den im engeren Sinne literarischen Texten – formal in einer ausgeprägten Tendenz zum Traktathaften – niederschlagen und ihn darüber hinaus dazu drängen, diese nur begleitet von selbstverfaßten Kommentaren seinem Lesepublikum zu überantworten. Als Lektürehilfe zweifelsohne gut gemeint, haben diese Selbstkommentare sich doch in der Broch-Forschung insofern fatal ausgewirkt, als zahlreiche Interpreten der Verführung des vom Autor abgesteckten Deutungsrahmens erlegen sind und wie gebannt alle Aussagen auf diesen beziehen: meist zustimmend, seltener aggressiv opponierend, aber zweifelsohne fixiert.

Ein zweites, z. T. damit zusammenhängendes Problem: Ist Hermann Broch ein „Dichter wider Willen", wie Hannah Arendt den ersten Abschnitt ihres Kommentars zu der Essay-Sammlung *Dichten und Erkennen* aus dem Jahr 1955 mit Bezug auf eine Formulierung des Autors betitelt?[3] Tatsächlich hat Broch, biographisch bedingt, seine literarische Tätigkeit zeitlebens problematisiert. Um 1920 räumt er im Kontext seiner mathematisch-naturwissenschaftlichen und philosophischen Studien an der Universität Wien seinen theoretischen Arbeiten den Vorrang vor dichterischen ein. Ab 1932 häufen sich, vor allem in Briefen, die Skrupel, ob nicht Literatur angesichts der politischen Entwicklungen „interesselos" und „ohne Daseinsberechtigung" (XIII/1, 190), „sinnlos, ja nahezu unstatthaft" (ebd., 234), illegitim (ebd., 238) und unmoralisch (XIII/3, 35, 365) geworden sei. „Ich werde nicht mehr dichten", läßt er in der Erzählung *Die Heimkehr des Vergil* von 1937 den antiken Dichter dezidiert sagen (VI, 255) und damit diesen aus seinen Zweifeln eine Konsequenz ziehen, die er selbst so nicht gezogen hat. Die Zweifel aber sind geblieben, bis ans Lebensende, wo sie auch wieder Nahrung aus der Konkurrenz theoretischer Ambitionen erhalten: „Wenn ich politische Philosophie, oder wenn ich Erkenntnistheorie betreibe", so schreibt er 1950 an seinen Freund Waldo Frank, „so erfülle ich die mir auferlegten Verantwortungen sowohl mir selber wie meiner Arbeit wie der Welt gegenüber, doch wenn ich Romane schreibe, habe ich das Gefühl der Verantwortungslosigkeit." (XIII/3, 412)

Dennoch arbeitet er in dieser Zeit bekanntlich an seinem „Roman in elf Erzählungen", *Die Schuldlosen,* der im selben Jahr 1950 erscheinen sollte. Mag sein, daß die genannten

Zweifel den Autor dazu bewogen haben, in diesem Text ebenso wie etwa schon im Roman *Die Schlafwandler* die erzählende Prosa zu ihrer Legitimation bis in die Personenrede hinein traktathaft essayistisch aufzuladen. Es ist aber durchaus auch so, daß Broch zeitweise in seinem Urteil über die Gewichtung des Wertes von Dichtung und Wissenschaft schwankt und jener einen gewissen Vorrang vor dieser zugesteht. In seinem Essay *Denkerische und dichterische Erkenntnis* von 1933, also zu einer Zeit, als sich ihm aufgrund der politischen Lage das Dichten immer mehr problematisiert hat, zeigt er sich wenig angetan davon, daß im Endstadium der Destruktion jeglicher platonischen Idee die Wissenschaft sich gewissermaßen anstelle des mittelalterlichen Glaubens als „letzter Plausibilitätsgrund" (IX/2, 43) gesetzt hat. So habe die Verwissenschaftlichung der Philosophie im Neopositivismus dazu geführt, daß sie „am Bestande der Ethik gemessen" gar „keine Philosophie mehr" sei (X/1, 170). Die „brennendsten Fragen", die ethischen und metaphysischen, mußte sie, wie Ludwig Wittgenstein im 1921 erstmals veröffentlichten *Tractatus logico-philosophicus* – ich würde sagen: – bedauert, „ins Mystische verweisen" (IX/1, 85). Die Möglichkeiten der Dichtung läßt Broch gewissermaßen an jener Grenze beginnen, die schon Moritz Schlick 1918 in seiner *Erkenntnislehre* der wissenschaftlichen Philosophie markiert hat. Er spricht von der möglichen „Enttäuschung", die der eingeschränkte diskursive Erkenntnisbegriff zur Folge haben könnte: „Bleibt damit der menschliche Geist den Dingen und Vorgängen und Beziehungen, die er erkennen will, nicht ewig fremd und fern? Kann er sich den Gegenständen dieser Welt, der er doch selbst als ein Glied angehört, nicht inniger vermählen? [...] Er kann wohl, aber sofern er es tut, verhält er sich nicht erkennend. [...] Wer sich ihnen nähert, teilnimmt an ihrem Weben und Wirken, der steht im Leben, nicht im Erkennen."[4] Mit dem korrespondiert der Satz 6.52 des *Tractatus,* in dem Wittgenstein konstatiert: „Wir fühlen, daß selbst, wenn alle *möglichen* wissenschaftlichen Fragen beantwortet sind, unsere Lebensprobleme noch gar nicht berührt sind."

An diese Auffassung schließt Hermann Broch Ende der zwanziger, Anfang der dreißiger Jahre gewissermaßen an, wenn er etwa in seiner Joyce-Rede (1932) von dem „Punkt" spricht, „an dem die Mission des Dichterischen einsetzt, Mission einer totalitätserfassenden Erkenntnis, die über jeder empirischen oder sozialen Bedingtheit steht" (IX/1, 85). Eine ähnliche Hochschätzung des Poetischen, eine quasi Gleichstellung des Wertes wissenschaftlichen sowie künstlerischen Erkenntnisgewinnes als Ausdruck eines „gemeinsamen Lebensstils" manifestiert sich in dem schon erwähnten Essay *Denkerische und dichterische Erkenntnis* (vgl. IX/2, 48 f.). Dichtung erschließt neue Erkenntnisquellen (vgl. XIII/1, 288) und legitimiert sich – von zentraler Bedeutung für Broch, wie etwa einem 1941 entstandenen Teil zu der *Autobiographie als Arbeitsprogramm* (IX/2, 247) zu entnehmen – durch „unmittelbare ethische Wirkung".

Besonders seiner zwischen 1928 und 1932 entstandenen Romantrilogie *Die Schlafwandler* sind, glaubt man Brochs Kommentar von 1929 (vgl. I, 719) und seinem Vortrag *Über die Grundlagen des Romans* von 1931 (vgl. I, 730 f.), sowohl das Bewußtsein von der Differenz zwischen wissenschaftlicher und poetischer Erkenntnis als auch der Gedanke der „totalitätserfassenden Erkenntnis" eingeschrieben. Über das erstgenannte Problem soll hier nicht weiter gehandelt werden. Es ist in der Forschung hinreichend abgehandelt. Wohl aber wird auf die für diesen Zusammenhang relevante Frage zurückzukommen sein, was der Autor unter *Totalitätserfassung* versteht.

Mit der Problematisierung künstlerischer Tätigkeit steht Hermann Broch im zeitgeschichtlichen Kontext nicht allein. Die gerade in den ersten Jahrzehnten unseres Jahrhunderts besonders intensiv geführten kunst-, mithin auch literaturtheoretischen Diskussionen sind ihm selbstverständlich nicht entgangen. Zu den Intentionen der avantgardistischen Bewegungen des frühen 20. Jahrhunderts hat er eine ambivalente Haltung entwickelt. Dem Dadaismus, dem er Willkürlichkeit vorwirft, steht er reserviert gegenüber (vgl. IX/2, 135). Aber einer der zentralen Angriffspunkte der Avantgarde war die Kluft zwischen Kunst und Lebenspraxis; und der Forderung nach Aufhebung der Autonomie der Kunst scheint Broch durchaus nahezustehen. Schon im 1919 verfaßten politischen Essay *Konstitutionelle Diktatur als demokratisches Rätesystem* formuliert er eine erste implizite Kritik an „politischer Gleichgültigkeit" (XI, 20), im *Entstehungsbericht* zum Roman *Die Schuldlosen* von 1950 spricht er sie ein letztes Mal und, nach den Erfahrungen in präfaschistischer und faschistischer Zeit, mit aller Deutlichkeit aus: „Politische Gleichgültigkeit nämlich ist ethischer Gleichgültigkeit und damit im letzten ethischer Perversion recht nahe verwandt." (V, 325)

Daraus läßt sich ein Verdikt Hermann Brochs über sozial unverbindliche literarische Tätigkeit ableiten, die der Amoralität des Wegschauens und der Wahrnehmungsverweigerung verfällt. Bekanntlich ist der Autor einer der schärfsten Kritiker eines selbstgenügsamen Ästhetizismus. Wie allerdings ist die geforderte Verbindlichkeit zu erreichen? Ein avantgardistischer Lösungsvorschlag war – fast zeitgleich übrigens in der Russischen Avantgarde und in Deutschland in Erwin Piscators politischem Theater sowie im Reportageroman – die Arbeit mit dokumentarischem, vorgeblich nicht fiktionalisiertem Material. Mit der Methode, solche faktischen Materialien mehr oder weniger offen zu montieren, verband sich der Anspruch, authentisch auf eine außerästhetische Wirklichkeit zu verweisen, wenn nicht gar „operativ" auf diese einzuwirken.[5] Broch konnte den Glauben an die Darstellbarkeit und Erreichbarkeit von Wirklichkeit durch solcherart Literatur – hierin übrigens mit dem ihm persönlich bekannten Georg Lukács übereinstimmend – nicht teilen, obwohl er – hierin im Gegensatz zu dem marxistischen Literaturtheoretiker – für das Verfahren der Montage grundsätzlich offen war (vgl. z. B. IX/1, 71). Im Vortrag *Das Weltbild des Romans* von 1933 setzt er sich mit der „Wahrhaftigkeit" und dem „Tatsachenhunger, aus dem die großen realistischen Weltbilder des Romans entstanden sind" (IX/2, 99), und der „künstlerischen Absicht der Reportage" (101) auseinander. Für Broch besteht kein Zweifel, daß die Literatur, und insbesondere der Roman, mit „Realitätsvokabular" (105) als „einzig möglichem Material" (106) arbeitet: „Aber die Verwendung der Realitätsvokabeln gibt [...] noch lange nicht die Gewähr, daß die Welt so geschildert wird, wie sie ist. Auch der Wahnsinnige verwendet richtige Vokabeln. Es kommt auf die Syntax an, auf die satzmäßige Verbindung, auf die sprachliche Logik, innerhalb welcher die Vokabeln verwendet werden." (105)

Auf die Selektion von „Realitätsvokabeln", für die die Reportage keine Kriterien besitze (vgl. 109), und auf ihre syntaktische Verknüpfung, der Broch eine „ungeheure symbolschaffende Funktion" (109) zuschreibt, komme es an. Mag sein, daß der Autor die Möglichkeiten von Reportage und dokumentarischen Verfahrensweisen, mehr zu sein als platte Realitätsverdoppelung, ungerecht beurteilt. Das ist eher nebensächlich. Entscheidend ist seine Auffassung, daß die Realität nicht durch unmittelbare Wiedergabe zu erfassen ist, vielmehr nur – wie es in seiner „Studie“ *Hofmannsthal und seine Zeit* heißt – durch ein „lebendig gewordenes Symbol“ (IX/1, 219): „Das Symbol aber entsteht aus dem Ineinanderfließen von Leben und Traum, und am Symbol entzündet sich alles dichterische Wissen um die Weltrealität, entzündet sich stets aufs neue das Realitätsproblem, die ständige Verlockung zum Dichten: Besäße der Mensch nicht den realitätsgeöffneten Traum, er stünde ‚sprachlos‘ gleich dem Tier vor den Realitätsphänomenen, doch da er ihn und mit ihm den Symbolbereich der Sprache besitzt, ist diese selber zur zweiten Realität geworden.“ (IX/1, 219 f.)

An anderer Stelle spricht Broch – ebenfalls im Hinblick auf Hofmannsthal – davon, daß man sich der „wahren Wirklichkeit“ nur in „fortgesetzten Symbol-Symbolisierungen“ (IX/1, 287) annähern kann. Solche „Symbolreihen“ oder „Symbolketten“ (IX/1, 72), wie sie in der Joyce-Rede genannt werden, können leisten, was dokumentarische Verfahren nicht zu leisten vermögen, nämlich „die Totalität des Lebens und des Menschen“ (75), die gesamte Verfassung einer Zeit zu erfassen.[6] Broch versucht dies durch die Parallelisierung der Joyceschen Methode in dem „work in progress“ *Finnegans Wake* mit der Relativitätstheorie (vgl. IX/1, 77 f. bzw. IX/2, 47 f.) zu exemplifizieren, die beide Ausdruck der „Einheit eines gemeinsamen Stils“ sind, einer „Einheit, hinter der die Einheit des Logos steht“ (IX/2, 49).

Hermann Broch will in seinen Romanen die Totalität der Zeit in der „Einheit des gemeinsamen Stils“ erfassen. Das läßt an die Forderungen von Georg Lukács denken. In der Forschungsliteratur zu Broch wurde denn auch ein Konnex hergestellt, zumindest insofern, als „das beschworene Totalitätsmoment“ hier wie dort „auf die Postulate der Hegelschen Ästhetik“ zurückverweise.[7] Doch sollten die Unterschiede nicht übersehen werden. Lukács fordert die Totalität der Wirklichkeitserfassung im organisch einheitlichen, der klassisch-realistischen Erzähltradition verpflichteten Roman, während Broch den symbolischen Verweis auf die Totalität durch die grundsätzlich keinen vorgefundenen Mustern verpflichtete Verknüpfung von „Realitätsvokabeln“ anstrebt. Er zielt auf Polyperspektivität. Es mag daher problematisch erscheinen, wenn im folgenden *ein* Aspekt der Wirklichkeit, die Broch in ihrer Totalität zu erfassen versucht, von mir herausgegriffen wird: Es ist dies die in Faschismus mündende Einengung von Lebensmöglichkeit in Kleinbürgerlichkeit, die Überformung des allgemeinen Bewußtseins durch kleinbürgerliche Wert- und Normvorstellungen. Die Konzentration auf diese Thematik erscheint mir allerdings gerechtfertigt, weil sie im Werk Hermann Brochs, in der *Schlafwandler*-Trilogie und, deutlicher, im Roman *Die Schuldlosen,* ebenso *eines* der zentralen Probleme darstellt wie in der Literatur der Zeit insgesamt, etwa von Bertolt Brechts 1919 verfaßtem Einakter *Die Kleinbürgerhochzeit* bis zu Ödön von Horváths Auseinandersetzungen mit dem „ewigen Spießer“ Ende der zwanziger, Anfang der dreißiger Jahre.

Bevor die Frage gestellt wird, wie Hermann Broch in seinen Romanen *Die Schlafwandler* und *Die Schuldlosen* die „Realitätsvokabeln“ syntaktisch verknüpft, die auf „Kleinbürgerlichkeit“ verweisen, seien ein paar Anmerkungen zum Verständnis dieses Begriffs gemacht. Dabei stütze ich mich im wesentlichen auf die 1988 erschienene Monographie *Die Kleinbürger. Begriff, Ideologie, Politik* des Politik-, Sozial- und Literaturwissenschaftlers Berthold Franke,[8] der das Kleinbürgertum nicht als eine Klasse oder sonstwie klar abgrenzbare sozialgeschichtliche Größe, sondern als ideologisches Konstrukt ansieht,[9] und der im übrigen einen guten Einblick in und Überblick über die einschlägige Forschungsliteratur vermittelt. Das Prädikat „kleinbürgerlich" soll also weder auf Klassenzugehörigkeit verweisen, noch (wie etwa im offiziellen Sprachgebrauch des vormals real existierenden Sozialismus) polemisch verwendet werden. Vielmehr soll es eine bestimmte, typische Art der Wahrnehmung und Verarbeitung der politischen und gesellschaftlichen Wirklichkeit anzeigen.[10] Mit dem sozialen Aufstieg des Proletariats und mit der Deklassierung weiter Teile des Bürgertums fühlen sich diese – mit einem Wort von Urs Jaeggi – „zwischen den Mühlsteinen", politisch heimatlos und ökonomisch gefährdet. Wie etwa Ödön von Horváth in seinen Volksstücken eindrucksvoll demonstriert, orientiert sich das Kleinbürgertum in seiner Angst vor sozialem Abstieg und ökonomischem Ruin an einem (vermeintlichen) Oben, täuscht die Zugehörigkeit zu einem gesellschaftlichen Status vor, von dem es jedoch – eben aufgrund seiner ökonomischen Schwäche – unüberbrückbar abgetrennt ist. Nichts ist so sehr bezeichnend für kleinbürgerliche Haltung wie die Sorge um Sozialprestige. In der Position „zwischen den Mühlsteinen"[11] hat der Kleinbürger Angst vor politischer Beweglichkeit und jeglicher Veränderung bestehender Ordnungen, er hat „Angst vor der Geschichte".[12] Deshalb ist seine Position eine genuin apolitische: „Sein wahres Talent [...] besteht in der systematischen Ausgrenzung und Verdrängung des Politischen aus seiner Welt."[13] Das, was Hermann Broch als „Zerfall der Werte" bezeichnet, „die Relativität der modernen Welt",[14] muß dem Kleinbürger bedrohlich erscheinen. Er orientiert sich am Muster einer vorindustriellen, angeblich heilen Welt, weshalb er ja auch mit einer ständestaatlichen Ordnung ebenso wie mit dem Faschismus kokettiert und mit diesen politischen Ordnungen gewisse, kaum reflektierte Hoffnungen für seinen sozialen und ökonomischen Status verknüpft.[15] Aus der Angst vor politischen und gesellschaftlichen Veränderungen betont der Kleinbürger das Statische und verherrlicht das Kleine und Überschaubare: „Nicht zufällig kann das Adjektiv ‚klein' oder eines seiner mehr oder weniger pejorativen Synonyme allem angehängt werden, was der Kleinbürger sagt, denkt, tut, hat oder ist, sogar seiner Moral, die doch seine Stärke ist: in ihrer konsequenten Strenge hat sie etwas Enges und Forciertes, Verkrampftes und Reizbares, Engherziges und Steifes, weil sie eben nur aus Formalismus und Skrupelhaftigkeit besteht. Kleine Sorgen, kleine Nöte – der Kleinbürger ist ein Bürger, der auf kleinem Fuße lebt. Seine ganze Erscheinung, in der sich seine objektive Beziehung zur Gesellschaft zeigt, ist die eines Menschen, der sich klein machen muß, um durch die enge Pforte zu passen, die zur Bourgeoisie führt."[16]

Um die Enge des Raumes, in dem sich der Kleinbürger, man könnte sagen physisch und mental, bewegt, noch genauer zu bezeichnen, fügt Franke diesem Zitat aus Pierre Bourdieus „Kritik der gesellschaftlichen Urteilskraft" *Die feinen Unterschiede* noch eine Beobachtung aus den *Mythen des Alltags* von Roland Barthes hinzu, in denen der Kleinbürger „als Gefangener der eigenen monadologischen Wahrnehmungsstruktur"[17] charakterisiert wird. Diese ist nicht nur dafür verantwortlich, daß er die vielfältigen Erscheinungen der Wirklichkeit sehr undifferenziert, holzschnittartig bewertet. Diese Art der Wahrnehmung bedingt auch das Sich-nach-außen-Abschließen, die Selbstgenügsamkeit und Scheu vor den anderen, Eigenschaften, die Bertolt Brecht in der *Kleinbürgerhochzeit* dargestellt hat, und sie bedingt auch die spezifische Unfähigkeit der Kleinbürger, sprachlich aufeinander zuzugehen, effektiv miteinander zu kommunizieren, wie Horváth und eben auch Brecht eindrucksvoll vorgeführt haben.

Von den beiden Romanen Hermann Brochs, die als eine Art Epochenbilanzen angesehen werden können, sind zweifelsohne *Die Schuldlosen* für diesen Zusammenhang von vorrangigem Interesse. Aber schon in der *Schlafwandler*-Trilogie werden, um es in der Terminologie des Autors zu sagen, verschiedene „Realitätsvokabeln“ so gefügt, daß eine zunehmende Einengung des gesellschaftlichen und politischen Spielraums sowie des Denkens in dem historischen Zeitraum zwischen 1888, dem Jahr des Regierungsantritts von Wilhelm II., und 1918, dem totalen Zusammenbruch nach dem Ersten Weltkrieg, erkennbar wird.

Für den preußischen Junker Joachim von Pasenow lösen sich zunehmend die Stützpfeiler seines Weltbildes auf, weshalb er an sich beobachten muß, „daß er der verschwimmenden und verfließenden Masse des Lebens nicht mehr habhaft zu werden vermochte und daß er immer rascher und tiefer in irre Hirngespinste glitt, und alles war unsicher geworden“ (I, 128). Vor dieser totalen Verunsicherung kann er 1888 noch in der Uniform Schutz finden (vgl. I, 23 und 26). Oberflächlich betrachtet, „bringt dieses Jahr die größte Machtentfaltung des Deutschen Reiches“,[18] Broch deutet aber in seinem Roman schon an, „wie hohl diese Macht im Grunde ist: die ‚Ehre‘ ist ein leerer Begriff geworden, die Standeskonventionen sind ausgehöhlt. Dennoch klammert sich Joachim von Pasenow, der Vertreter der herrschenden Klasse, an Uniform und Ehre, ja er setzt sie als neue oberste Werte. Damit erweist er sich als Romantiker, denn die Uniform, so heißt es im Roman, ist der Inbegriff der ‚Romantik dieses Zeitalters‘, weil ‚es immer Romantik ist, wenn Irdisches zu Absolutem erhoben wird‘. [...] Diese scheinbar so festgefügte Welt der Ordnungen und Konventionen wird für Joachim im Laufe des Romans immer mehr in Frage gestellt.“[19]

Die Unsicherheit Pasenows steigert sich und kann, äußerlich erkennbar an der Auflösung des Textzusammenhanges, selbst im religiösen Irrationalismus seiner 1918 in einem Leitartikel festgehaltenen Reflexionen nicht mehr überdeckt werden (vgl. I, 466 ff.). Die gesamte Existenz der Menschen scheint „provisorisch“ (I, 636) geworden zu sein. Ähnlich wie in Robert Musils *Mann ohne Eigenschaften* verbreitet sich das Gefühl, daß „das Provisorische [...] zum Definitiven geworden“ sei (ebd.). Es ist das Zeitgefühl schlechthin. Mit dem endgültigen Verlust absoluter Werte und der Überschaubarkeit der Lebenswirklichkeit sowie der Verbreitung politischer und ökonomischer Unsicherheit geht der Konservativismus des preußischen Junkertums Koalitionen ein mit der ebenfalls in irrationale Religiosität flüchtenden, buchhalterischen Kleinbürgerlichkeit eines Esch und – wenn auch widerwillig – mit dem Spießertum eines Huguenau.

Als „Handlungsgehilfe“ (I, 183) gehört Esch „naturgemäß“ dem kleinen Bürgertum an. 1903 wird der Mann mit der Weltsicht eines Buchhalters (vgl. I, 199 passim) durch die anarchische Auflösung der Gesellschaft und ihrer Wertewelt verunsichert. Er ist einer unter den vielen dieses sozial abgestiegenen Bürgertums, die aus der Bahn geworfen sind. Bezeichnend ist für Esch u. a., daß er seine Illusionen von Selbstentfaltung auf Amerika projiziert (vgl. I, 254), daß er aber nicht imstande ist, diesen weiten Raum für sich zu erobern, vielmehr eingesperrt bleibt in der kleinbürgerlichen Enge des Mutter Hentjenschen Gasthauses, für das er zum Schmuck und, ohne daß es ihm bewußt würde, als Ersatz für seine hochfliegenden Pläne „eine kleine bronzene Freiheitsstatue“ (I, 301) erwirbt. Eine andere Illusion Eschs ist der Glaube an seine geradezu messianische Sendung als Ordnungsstifter (vgl. I, 273 u. ö.). In typisch kleinbürgerlicher Weise überschätzt er einerseits seine Rolle[20] und vermag andererseits seinen engen Horizont nicht zu überschreiten: „Ja, was blieb sonst zu tun übrig? Es war ja alles in Ordnung. Erna wird ein eheliches Kind kriegen, und er wird Mutter Hentjen heiraten, und das Lokal wird frisch gemalt und mit braunem Linoleum bespannt. Und niemand ahnte, was sich hinter den schönen glatten Aspekten alles verbarg, keiner wußte, von wem das Kind gemacht worden war, das nun Lohbergs Namen tragen würde, und daß die vollkommene Liebe, in die er sich hatte retten wollen, nichts als Lug und Trug war, nackter Schwindel, um zu vertuschen, daß er hier als ein x-beliebiger Nachfolger des Schneidermeisters herumlief, in diesem Käfig herumlief als einer, der an Flucht und weite Freiheit dachte und doch nur an den Gitterstäben rütteln konnte. Immer dunkler wurde es, und niemals wird sich der Nebel jenseits der Ozeane lichten." (I, 377)

Deutlicher kann das Scheitern des Projekts von Esch, aus der kleinbürgerlichen Enge auszubrechen und eine neue bessere Ordnung zu stiften, nicht ausgedrückt werden. Esch, den bereits ein Hauch von Boheme in seinem Ordnungsdenken irritiert (vgl. I, 255), fehlt es an Weit- und Durchblick. Daher borgt er sich auch von dem kleinen Rauchwarenhändler Lohberger, den er selbst als „Idioten" (I, 248) einstuft, „Ansichten", die in den Ohren anderer gut klingen könnten (vgl. I, 248 und 278). Man wird an Ödön von Horváth denken, der an der geborgten Ideologie seiner Kleinbürger deren – wie er selbst es nennt – „verkitschtes Bewußtsein" aufdeckt. Wenngleich im Verfahren selbstverständlich anders als der Volksstück-Autor, tut dies auch Broch. Jener läßt seine Figuren im Dialog mit ihrem „Bildungsjargon" scheitern, dieser kommentiert das personale Bewußtsein gewissermaßen von einer auktorialen Position her (vgl. I, 330).

Esch orientiert sich vorerst nur momentweise an Lohberger, wenn es ihm im Umgang mit seinen Mitmenschen zweckmäßig erscheint, wenn er sich diesen als besonders erhaben denkend zeigen will. Zunehmend wird aber sein Denken von diesem religiös gefärbten, ideologisch überhöhten kleinbürgerlichen Bewußtsein überformt, das nicht tragfähig ist (vgl. z. B. den Dialog I, 238 f.). Statt zu versuchen, die Befreiung aus der Enge seiner Existenz in der Weite Amerikas zu verwirklichen, flieht Esch in irrationale, antimodern fortschrittsfeindliche und antiliberale Religiosität. In dieser trifft er sich schließlich im historischen Moment des totalen Zusammen- und Umbruchs mit Joachim Pasenow. Der Konservativismus des typischen preußischen Junkertums und die Kleinbürgerlichkeit gehen eine Koalition ein[21] gegen die moderne Welt, gegen „die beschleunigte Zirkulation von Geld und Geist"[22] in der kapitalistischen bürgerlichen Gesellschaft und gegen das von unten andrängende Proletariat. Die 1888 noch erkennbare ursprüngliche Machtentfaltung der Landaristokratie wie die der Pasenows nimmt sukzessive ab, deren gesellschaftlicher Spielraum und deren Weltbild erfahren zunehmende Einengung bis zur Übereinstimmung mit jenen des Kleinbürgers. Die Gegenspieler sind Bertrand, der die gesellschaftlichen Fesseln abgestreift zu haben scheint, dessen souveräne ökonomische Fähigkeit und dessen Kosmopolitismus ebensosehr (vor allem von Esch) bewundert wie (besonders von Pasenow) verdächtigt werden, sowie Huguenau. Die Logik seines Lebensmusters ist bestimmt von Zweckmäßigkeit, sie ist „ornamentfrei" (I, 463). Er ist ein Mensch, „für den es seit seiner Knabenzeit keine anderen Inhalte des Redens und Denkens gegeben hatte als Geld und Geschäft" (I, 395). Jegliche seiner Lebensäußerungen ist daher diesbezüglich funktionalisiert, das Geld ist, mit einem Wort Johann Nestroys, der „kategorische Imperativ" seiner

Ethik.[23] Ich sprach davon, daß Pasenow auch eine Koalition mit Huguenau eingeht. Er verfällt, ohne zu begreifen, dessen vaterländischer Phraseologie (vgl. I, 515) und überläßt ihm, wenn auch wider Willen, einen großen sozialen Spielraum. Der Spießer übernimmt zusehends die Herrschaft. Schon im ersten der Essays „Zerfall der Werte" macht Broch die „Gleichgültigkeit" verantwortlich für die katastrophale Entwicklung von Politik und Gesellschaft in seiner Zeit (I, 420). Sie ist, seiner Meinung zufolge, das Ergebnis der „Zerspaltung des Gesamtlebens und –Erlebens", also des Verlustes eines letzten „Plausibilitätsgrundes" und einer tragenden Idee, und ihr Produkt ist der Spießer, wie ihn Huguenau prototypisch vertritt. 1932, als Broch die *Schlafwandler*-Trilogie abschloß, hatte Hitler, die „Philisterbestie" (IX/1, 142), die Macht in Deutschland zwar noch nicht übernommen, wohin jedoch die Entwicklung trieb, darüber machte sich der Autor keine Illusionen mehr. Nicht zu Unrecht schlägt er 1946 in einem Brief an Kurt Wolff vor, in der Werbung für die *Schlafwandler* hervorzuheben, daß sie „*der* prophetische Roman" seien, „der die Prädestination des deutschen Menschen zur Hitlerei zeigt" (XIII/3, 115). Als Zeugen dafür hätte er Elias Canetti anführen können, der 1936 in seiner Geburtstagsrede auf Broch dessen politische Sensibilität rühmte: „Hermann Brochs Werk steht zwischen Krieg und Krieg, Gaskrieg und Gaskrieg. Es könnte sein, daß er die giftigen Partikel des letzten Krieges noch jetzt irgendwo spürt. Doch das ist unwahrscheinlich. Sicher aber ist, daß er, der besser zu atmen versteht als wir, schon heute am Gas erstickt, das uns andern, wer weiß wann erst, den Atem benehmen wird."[24]

Der „Roman in elf Erzählungen", *Die Schuldlosen,* steht nicht mehr „zwischen Krieg und Krieg", sondern nach dem erahnten zweiten Krieg. Er schließt in mancher Hinsicht an die *Schlafwandler*-Trilogie an, nicht nur in der Methode, eine Epochenentwicklung beziehungsweise geschichtliche Zusammenhänge durch punktuelle Beleuchtung historischer Momente darzustellen, sondern auch zum Beispiel dadurch, daß mit der Machtübernahme durch das „Untier" Hitler das seinen Höhepunkt erreicht, was in der Zeit der Regentschaft des „Spießer-Kaisers" Wilhelm II. seine Wurzeln hat (V, 239): die totale Menschenverachtung und Menschenvernichtung (vgl. V, 240).

Die Etappen der *Schuldlosen* sind

1913: der Vorabend des Ersten Weltkrieges als der historische Endpunkt einer etwa fünfhundertjährigen Entwicklung des Wertzerfalls, ein geschichtlicher Augenblick, in dem in den *Stimmen 1913* der Vater noch die Fortschrittsgläubigkeit des 19. Jahrhunderts vertreten kann, während der Sohn ein kulturpessimistisches Zeitgefühl artikuliert (vgl. V, 15);

1923: das Jahr des Hitler-Putsches, für das rückblickend, vom Ende der Entwicklung her gesehen, in den *Stimmen 1923* das „Versäumnis" politischen Handelns als zentrales Thema bestimmt wird (I, 47); schließlich

1933: das Jahr der nationalsozialistischen Machtübernahme, in dem es dem Dichter Hermann Broch ähnlich wie dem von ihm hochgeschätzten Karl Kraus (vgl. IX/1, 32 f.) die Rede verschlägt (vgl. *Stimmen 1933,* V, 239).

In dem genannten Zeitraum schränkt der für Kapitalismus und Imperialismus stehende Großbürger A. (= Andreas) seinen Handlungsspielraum sukzessive ein: Schon in der Vorgeschichte gibt er die kosmopolitische Orientierung auf, bewegt sich in kleinbürgerlicher Enge, aber immerhin noch in der auf Weite und kulturelle Größe verweisenden Weltstadt Paris. Mit der Niederlassung in einer mittelgroßen deutschen Kreisstadt beginnt er

1923 den totalen Rückzug. Er nistet sich gewissermaßen im Haus der Baronin W. ein, in einer Familie ökonomisch depravierten Adels, in der mühsam und in geradezu kleinbürgerlicher Manier der Schein einstiger Größe aufrechterhalten wird.[25] Der Tochter des Hauses ist er verdächtig, weil er – so wie Bertrand in den *Schlafwandlern* – ein Vertreter der undurchschaubaren und „beschleunigten Zirkulation von Geld"[26] ist. Mit der Baronin, die sich mit dem Verlust der vormaligen Rolle ihres Standes abfindet, und der (im übrigen von proletarischem Selbstbewußtsein geradezu strotzenden) Magd Zerlin zieht sich A. auf ein Jagdgut zurück,[27] treibt nebenbei ein wenig seine Geschäfte, verweigert jedoch die Wahrnehmung der Wirklichkeit: „Man muß nur lernen, die Welt links liegen zu lassen" (V, 249), ist ein Jahrzehnt lang seine Devise gewesen, bis ihm 1933, zu spät, die Einsicht in die Schuldhaftigkeit dieser Haltung kommt (vgl. V, 265 ff.). Zu Bewußtsein bringt ihm dies der Imker, der Großvater der von ihm mißbrauchten und mißachteten Melitta, ein von der Industrialisierung bedrohter Handwerker, mithin ein Kleinbürger par excellence (vgl. V, 84–87). Seine Glorifizierung des Handwerkerstandes geht Hand in Hand mit der Distanzierung von der Realität (vgl. V, 124 f.). Er überwindet wohl kleinbürgerliche Engstirnigkeit (vgl. V, 86), indem er die Utopie eines vorindustriellen heilen Zustands einer Tauschgesellschaft für sich zu verwirklichen versucht. Sein Lebensmuster ist jedoch nichts weniger als fragwürdig. Die Gestalt des Imkers erscheint zwar uneingeschränkt positiv besetzt – Broch sieht in ihr das „Neue", eine tragfähige neue Moral repräsentiert (V, 304, vgl. auch 315 f.) –, sie ist aber nichtsdestoweniger höchst problematisch in der genannten Rückwärtsorientierung und in ihrem mythischen Naturglauben. Daß der Imker A. zur Einsicht in seine Schuld bewegt, ist positiv, daß er von diesem ein Selbstopfer verlangt, kaum: A. legt Hand an sich, statt sein Verhalten zu ändern. Der Imker ist, auch wenn Broch das selbst nicht so sehen wollte, ebenso, wenn auch in anderer Weise, aus der Gesellschaft ausgetreten und der politischen Gleichgültigkeit schuldig geworden, die dem „Untier" Hitler den Spielraum eröffnet hat.

Der Roman *Die Schuldlosen* führt vor, wie der Großbürger A. den genannten, für Hitlers Politik anfälligen Lebensmustern des von Proletarisierung bedrohten Kleinbürgertums ebenso verfällt wie der depravierte Adel. Nicht umsonst wird sein Name in einem Atemzug mit dem des Studienrates Zacharias, eines Prototypen des kleinbürgerlichen Spießertums, genannt: „…als Brüder, wie wir es sind", so der Studienrat zu A., „haben wir alle Namen, jawohl, alle von A bis Z gemeinsam zu eigen" (V, 154). Ohne Widerspruch anzumelden, läßt sich der Großbürger vom mittelständischen Kleinbürger – „mittel" ist das Leitwort der Zacharias-Vorgeschichte *Methodisch konstruiert* (vgl. V, 33) – auf dessen Ebene herabziehen. Z., mit einem kommentierenden Wort Hermann Brochs „der Zwischenschicht halbproletarischen Mittelstandes entstammend" (V, 315), befindet sich also sozial geradezu idealtypisch „zwischen den Mühlsteinen". Zwar ist A. der ökonomischen Bedrohung und den miefigen kleinbürgerlichen Lebensbedingungen nicht ausgesetzt, gleichwohl hat er jedoch dem Denken des Z. kaum etwas entgegenzusetzen. Dem Jahr des Hitler-Putsches, 1923, sind die vier Reden des Studienrates zeitlich zugeordnet, in denen sein vom Faschismus affiziertes Bewußtsein satirisch entlarvt wird. Es ist geprägt von Angst vor Veränderungen, auch in der Wissenschaft (vgl. V, 143), also antimodern, es ist antiliberal, feindbildbestimmt, eine unerträgliche Kompilation von nationalen und vorgeblich sozialistischen Ideologemen und getragen von der Sehnsucht nach einem starken Führer (V, 165).

Obwohl Z. alles Mediokre vergöttert, gibt er sich nichtsdestoweniger Omnipotenzräuschen und Erhabenheitsphantasien hin, deren Ridikülität u. a. dadurch deutlich wird, daß sie sich am Pissoir einstellen (vgl. V, 155).

In einem Kommentar zu den *Schuldlosen* stellt Hermann Broch die Forderung auf: „Die jeweilige Welttotalität in Gestalt der Darstellung eines Menschenlebens zu erfassen, war seit jeher des Romans innerstes Wesen und eigentlichste Aufgabe, eine Totalitätsaufgabe, der er bei der heutigen Weltkomplexheit bloß unter Anwendung außerordentlicher Abbreviatur-Mittel und ganz besonderer Symbolkonstruktionen gerecht zu werden vermag." (V, 310)

Auf die *Schuldlosen* übertragen bedeutet dies, daß in der Entwicklung der Figur A. ein zentraler Aspekt dieser „Welttotalität" in der ersten Hälfte des 20. Jahrhunderts erkennbar wird, nämlich die Machtübernahme des kleinbürgerlichen Denk- und Existenzmusters. Der „Geist der Zacharias-Rasse", deren „Rein-Inkarnation Hitler gewesen ist" (V, 325), erfaßt, bei allen Differenzen, sowohl den Großbürger A. als auch die depravierte Adelige Hildegard. Mit der sukzessiven Einengung ihres Lebens- und Handlungsraumes, ob aus Desinteresse oder wegen ökonomischer Zwänge, richten sie sich in kleinbürgerlich „apolitischer Normalität"[28] ein. Die Amoralität dieser wahrnehmungsverweigernden Haltung deckt Broch als Schuld der Schuldlosen (vgl. V, 306), als deren Mitschuld am Faschismus auf.

Anmerkungen

1 Hier, wie im folgenden im Text, wird aus Hermann Brochs Schriften zitiert nach H. B., *Kommentierte Werkausgabe,* hrsg. von Paul Michael Lützeler, Bde. 1–13, Frankfurt a. M., Suhrkamp 1974–1981. Hier V, 325

2 Vgl. die Zweifel an Brochs Gedankengerüst bei Sigrid Schmid-Bortenschlager, „Der Einzelne und seine Masse. Massentheorie und Literaturkonzeption bei Elias Canetti und Hermann Broch", in: *Elias Canetti. Experte der Macht,* hrsg. von Kurt Bartsch und Gerhard Melzer, Graz, Droschl 1985, S. 119, sowie zusammenfassend bei Michael Roesler, „Hermann Brochs Romanwerk. Ein Forschungsbericht", in: DVjs 65 (1991), S. 507

3 Vgl. Hannah Arendt, „Einleitung zu Hermann Broch", in: *Gesammelte Werke,* Bd. 6, *Dichten und Erkennen,* Zürich, Rhein 1955, S. 5

4 Moritz Schlick, *Allgemeine Erkenntnislehre,* Frankfurt a. M. 1979, S. 101

5 Zum Begriff „operativ" vgl. Klaus L. Berghahn, „Operative Ästhetik: Zur Theorie der dokumentarischen Literatur", in: *Deutsche Literatur in der Bundesrepublik Deutschland seit 1965. Untersuchungen und Berichte,* hrsg. von Paul Michael Lützeler und Egon Schwarz, Königstein i. T., Athenäum 1980, S. 270 ff.

6 Zum Symbol bei Broch vgl. insbesondere Richard Brinkmann, „Zu Brochs Symbolbegriff", in: *German Life and Letters 40* (1987), Nr. 3 (Special Number: Hermann Broch), S. 224–234

7 Vgl. Viktor Zmegac, *Kunst und Wirklichkeit. Zur Literaturtheorie bei Brecht, Lukács und Broch,* Bad Homburg v. d. H., Berlin, Zürich, Gehlen 1969, S. 83

8 Berthold Franke, *Die Kleinbürger. Begriff, Ideologie, Politik,* Frankfurt a. M., New York, Campus 1988

9 Vgl. ebd., S. 7

10 Vgl. ebd., S. 8

11 Urs Jaeggi, „Zwischen den Mühlsteinen. Der Kleinbürger oder die Angst vor der Geschichte", in: *Kursbuch* (1976), H. 45: *Wir Kleinbürger,* S. 151–168

[12] Vgl. den Untertitel von Jaeggis Essay.
[13] Franke, *Kleinbürger,* S. 214
[14] Ebd., S. 218
[15] Vgl. ebd., S. 200 ff. bzw. auch ein längeres Zitat aus Max Webers *Wahlrecht und Demokratie in Deutschland,* ebd., S. 259, Anm. 59
[16] Pierre Bourdieu, *Die feinen Unterschiede. Kritik der gesellschaftlichen Urteilskraft,* (3. Aufl.) Frankfurt a. M., Suhrkamp 1984, S. 530 f.
[17] Franke, *Kleinbürger,* S. 18 f.
[18] Hartmut Steinecke, „Hermann Broch als politischer Dichter", in: *Deutsche Beiträge zur geistigen Überlieferung 6* (1970), S. 143
[19] Ebd.
[20] Vgl. Franke, *Kleinbürger,* S. 126
[21] Vgl. ebd., S. 136
[22] Ebd.
[23] Johann Nestroy, *Nur keck.* J. N., *Sämtliche Werke,* Hist.-krit. Gesamtausgabe, hrsg. von Fritz Brukner und Otto Rommel, Bd 14, *Die Possen,* Tl 6. Wien, Schroll 1930, S. 227
[24] Elias Canetti, *Das Gewissen der Worte. Essays,* München/Wien, Hanser 1983, S. 22
[25] Vgl. u. a. V, 62, 69, 185, 187, 200
[26] Franke, *Kleinbürger,* S. 136
[27] Das Don Giovanni-Motiv ist in der Forschungsliteratur hinreichend berücksichtigt worden, es ist in diesem Zusammenhang ohne Bedeutung. vgl. u. a. Michael Winkler, „Brochs Roman in elf Erzählungen. Die Schuldlosen" (1950), in: *Hermann Broch,* hrsg. von Paul Michael Lützeler, Frankfurt a. M. 1986, S. 183–198
[28] Franke, *Kleinbürger,* S. 214

Aufklärung durch Mythos und Mystik bei Hermann Broch

Vortrag einiger Ideen zur Broch-Lektüre in postmoderner Atmosphäre anläßlich der *Schlafwandler*

Burghart Schmidt

Sonderbar zeigt sich: Hermann Broch spielt im literarischen Wien keine sonderliche Rolle, wenigstens keine, die mit Robert Musil oder Karl Kraus vergleichbar wäre. Dabei hat in Elias Canettis Sicht Broch ganz außerordentliche deutschsprachige Prosa in die Literatur gebracht. Und das hängt sicher zusammen mit einem internationalen Niveau, das bisweilen zu wenig durchklingt bis Wien und Umgebung, wo Broch bis zur Nazizeit gearbeitet hatte. In einem Rundfunkgespräch hat mich ein Redakteur nach seinem Autodidaktentum gefragt. Nun, das Autodidaktische mag ja ohnehin ein ganz hoher Wert sein, kann aber immer auch etwas Hämisches an sich haben. In unserer Unterhaltung gerieten wir bis an den Punkt, es habe für Wiener Geschmack vielleicht Broch professionelle Ausbildung in der Wiener Kaffeehaus-Atmosphäre ein wenig gefehlt. Aber im übrigen gibt sein Autodidaktentum auch nur seinen Lebenslauf her, der sich wiederum nachdrücklich in seiner Literatur niederschlägt.

Da gibt es also einen Industriellen, der mit 45 Jahren zum ersten Mal in der Bücher-Veröffentlichung auftritt, so liest man im Lexikon. Aber zum anderen steht da, daß er sehr wohl auch viel früher schon geschrieben hat, da greift dann einmal die Philologie. Nehmen Sie aber eben das erste große Buch (dreibändig), mit dem der Autor international bekannt wurde und das im Verlag von James Joyce, dem Rhein-Verlag Zürich, erschien: „Die Schlafwandler", dann sehen Sie darin schon die hinter ihm stehende Lebenserfahrung literarisch niedergeschlagen. Und wenn Sie philologisch nachschauen, dann erfahren Sie, auf wieviele Novellen-Entwürfe von 1914/15 usw. das zurückgeht, was Broch 1931 vorlegte. Also zeigt er sich als ein Autodidakt, der mindestens nebenher schon früh sehr literarisch, philosophisch, theoretisch gearbeitet hatte. Auch philosophische Essays, die in dem zweiten Jahrzehnt unseres Jahrhunderts entstanden, liegen nämlich philologisch gesichert vor. Also das Autodidaktische wäre dann eines auf höchst professionellem Niveau, sozusagen, professionelle Autodidaktie.

Damit habe ich nun im Hinblick auf einleitende Töne das Näheverhältnis von Philosophie und Literatur bei Hermann Broch benannt, und das machte mir auch möglich, die Einladung zu einem Vortrag hier auf der Tagung von der Philosophie her anzunehmen, weil bei Broch der enge Zusammenhang philosophischer Arbeit mit literarischer auf der Hand liegt und man deshalb auch von der philosophischen Seite her an sein Werk herangehen kann und nicht bloß von der literaturwissenschaftlichen. Solches hat sogar für die Philosophie seiner Zeit Hermann Broch eigens zum Programm erklärt, nämlich daß die

Philosophie der Gegenwart im Zerfall der Werte auch aus der erkenntnistheoretischen Ebene heraus, das heißt, im Zerfall auch der letztbegründenden Orientierungssicherheiten, im Zerfall der Axiomatiken, nicht mehr in der Form eines philosophischen Traktats behandelt werden kann, sondern einzig in der eines literarischen Bedarfs. Er hat gerade im Zusammenhang mit der Arbeit an den Schlafwandlern und deren Publizierung deklariert, daß im Grunde genommen eine philosophische Absicht und Ansicht vorläge, die aber nur literarisch auszuführen sei aufgrund seines philosophischen Anliegens. Nun, man hat sofort Mißtrauen, wenn ein Denker aus der Philosophie heraus das Feld der Literatur betritt. Man mutmaßt dann gern, er wolle abstrakte Gedanken bebildern. Da quert aber eben die große Lebenserfahrung der Wirtschaftswelt, der Verhandlungswelt in Broch'scher Literatur enorm den philosophischen Diskurs. Ich glaube, es gibt keinen, den er nicht packen könnte, weil der irgendwie in Passagen Broch'scher Literatur das Gefühl behielte, es handle sich hier um eine literarische Bebilderung philosophischer Abstraktheiten. Das hat Broch insofern durchbrochen, daß man nicht sagen kann, philosophisches Anliegen habe ihn in die Literatur getrieben, solches war wohl Motiv, aber die Arbeitsweise ging von der Literatur her an.

So erscheint die erste große Ambivalenz als ambivalentes Verhalten zwischen Literatur und Philosophie. Diese Ambivalenz steigert sich wegen des betonten Dazwischensichhaltens, das eine In-Dienstnahme des einen für das andere strikt verweigert. Und auch hierzu findet man schon wieder lexikalische Auskunft, nach der Broch überhaupt der Schreibende eines Dazwischen zwischen Nicht-mehr und Noch-nicht oder auch umgekehrt, eines Dazwischen zwischen Noch-nicht und Nicht-mehr gewesen wäre. Diese also als ein Dazwischen auszudrückende und dadurch echte Ambivalenz, die sich von jener in Kunst- und Literaturkritik so geliebten Zweideutigkeit sehr unterscheidet, ist das Brochs Schreiben Bestimmende und hat zu dem geführt, was literarisch auf allen Ebenen packt, zu dem großen Diskursartenwechsel. Denn nicht nur geht es um so etwas, wie es von John Dos Passos angeregt war, um ein Experimentieren, das alte einheitliche Erzählkunst unterwandert durch das Ineinandermontieren von verschiedenen Erzählungen, die nur an seltenen Stellen ineinanderschießen, sondern es geht darüber hinaus im Diskursartenwechsel vor allem auch um die Diskursebenen in der menschlichen Kommunikation. Da tauchen dann etwa Diskurse der Vertragssprache auf, da tauchen Diskurse eines organisierenden und werbenden Managements auf, da tauchen werbende Diskurse auf dem Markt auf, da tauchen Diskurse der politischen Propaganda auf, da tauchen nicht zuletzt Diskurse des Traums auf, was sooft beschworen und beredet wird in Sachen Hermann Brochs.

Gemeint ist der Versuch, den Traum als die Repräsentanz des Irrationalen in einer sich immer noch rational bestimmenden Welt deklarieren zu wollen. Aber ich fasse die Traumfrage eher von einer Diskursfrage her auf, was dann dieses Schwebende auch eindeutig belegen läßt und belegbar macht. Nämlich man weiß nie ganz genau, ist man in einem Traumundiskurs oder ist man in einem Diskurs der Realität oder der Naturalität. Zu allem kommen noch Diskurse der Predigersprache und der Verteidigersprache, der Advokatensprache demnach und der Absicherungssprache hinein. Also zeigt sich Diskursbruch durch und durch und das bisweilen im schnellen Seitenwechsel, wobei Hermann Broch dann gegenüber diesem Ineinanderbringen von Diskursarten sich von ähnlich arbeitenden Autoren unterscheiden mag dadurch, daß er in der Montage ganz ehrlich wird. Er versucht nicht etwa, über Selbstgespräche, terminologisch ausgesprochen als innere Monologe, zu Ausführungen über Reflexionen oder zu Predigten zu gelangen oder zu Werbung, er versucht ebensowenig über Polyloge Motivationsschein zu Diskurswechsel zu leisten wie etwa Dostojewsky, nein, ohne Motivationsschein knallt er in seinen Montagen vom Schlafwandlerunternehmen her die Diskursbrüche nur so ein. Da hört eine erzählerische Passage auf, es schließt unmotiviert ein Essay an, ebenso taucht plötzlich ein zwischengestalteter Zwischentitel auf, der dramatische Traumsituation angibt; oder plötzlich sind lauter Aphorismen da, die theoretisch reingeschmettert werden können oder aber die sich auf das Färben von Personen und ihr Charakterisieren beziehen usw. In der Montage wird hier also unverschleifend ganz ehrlich gearbeitet und nicht mit dem Versuch, *allmählich* das essayistische Anliegen eingleiten zu lassen.

Und das ist es ja wohl, was Hermann Broch überhaupt bestimmt, er gehört zu den Literatoren des essayistischen Romans oder der essayistischen Prosa in unserem Jahrhundert, aber auch das wieder in einer ihm eigentümlichen Position. Ich nehme dazu nur ein paar Beispiele, wir müßten viel mehr nehmen. Aber man könnte unter dem Gesichtspunkt der Frage danach, welcher Essayismus betrieben würde, etwa zu Marcel Prousts Werk sagen, es handle sich hier um den Essayismus eines sinnlichen Wahrnehmungstheoretikers impressionistischer Einstellung. Oder man könnte zu dem Unternehmen des James Joyce sagen, es handle sich um das Essay-Schaffen eines expressiven Psychologen. Man könnte zu Robert Musils ebenfalls essayistischer Prosa sagen, es sei das Unternehmen eines relativistischen Intellektuellen usw. In solcher allgemeinen Bestimmung ließe Broch die Charakterisierung zu, die ihn zu seiner Zeit um einiges ungleichzeitig machte, nämlich die Charakterisierung eines religionskritischen Logikers. Und das klärt sich auch in seiner Personalisierung beim Erzählen heraus. Noch einmal zu den vier Paradigmen des Essayismus zurückgekehrt, könnte man transformulierend sagen: Proust ist imstande, das, was er literarisch in Angriff nimmt, erzählerisch abspielen zu lassen in den Unterhaltungs- und Kommunikationskreisen einer Pariser Upper-Class. James Joyce muß in den mittelstädtischen oder kleinstädtischen auch gar irisch geprägten Mittelstand hinein. Musil kann sich unter Kulturbürgern herumtreiben.

Broch dagegen gebraucht als religionskritischer Logiker etwas, was man ihm dann literarisch in Zweifel ziehen könnte, was er aber für mich ganz überzeugend gemacht hat, den Rollentypus, der trotzdem nicht zu verwechseln ist mit der soziologischen Rolle. Sondern es wird zwar rollenmäßig konstruiert, das stimmt, als wäre hier ein Soziologe am Werk. Dann aber wird gefragt: Wie lebt solch eine Rolle, und damit ist das nicht mehr soziologisches Konstrukt, sondern lebendiges Erzählen von Situationen, die die Rollen mitbetreiben und mitverwirklichen. Es geht folglich nicht mehr um die Rolle des Geschäftsmannes, die Rolle des Buchhalters, wie ein Soziologe sie empirisch vielleicht noch so reich bestimmen würde, sondern wie lebt einer in der Buchhalterei, wie lebt einer als Geschäftsmann.

Rollensoziologie wird gebrochen, in der Tat erfolgreich durch Literatur. Darum vergißt man die rollentypischen Überlegungen immer wieder bei der Lektüre. Die Rollentypik hat freilich Broch in den Stand gesetzt zu etwas, was man gerne Literaten nachsagt als mangelnde Fähigkeit zur Literatur: kaum einer konnte wie er so gut etwa an Verlage Entwürfe schreiben , die große Unternehmen haargenau charakterisierten. Hier läge ausgekochte intellektuelle Literatur vor, sagt man dann, eben die des religionskritischen Logikers. Aber die Ausgekochtheit erklärt ihren Sachverhalt von beiden Seiten in seinem Dazwischen. Und deswegen ist es gerade das den Leser Spannende, von Broch auf die Spur der Rollen gesetzt zu werden und zugleich immer wieder die Rolle zu vergessen, die ihm eigentlich entwurfgemäß vorgestellt wurde. Also man weiß, man liest da einen Literaten mit Konzept, dem es aber innerhalb einer Seite gelingt, einen das Konzept vergessen zu machen. Das ist vielleicht gerade die großartige Leistung, die von Broch ins Spiel gebracht wird.

Die Rollentypen nun allerdings, die Broch einsetzt, gehören soziologisch den Mittelschichten zu. In solcher Hinsicht bemühte sich Broch, wie Ernst Bloch in seinem den Schlafwandlern nahezu zeitgleichen Buch „Erbschaft dieser Zeit", um Herankommen an ein mittelschichtiges Bewußtsein in mittelschichtigen Situationen selber oder an das mittelschichtige Bewußtsein in Upper-Class-Situationen. Denn selbst etwa für den preussischen Junker Pasenow und seine Bekanntschaften gilt ja genau genommen das mittelschichtige Bewußtsein. Bloch ging es in Erbschaft dieser Zeit um solches, um das Mittelschichtige mit seinen laufenden Ungleichzeitigkeiten als Hauptbestimmungsfaktor durch die Klassen hindurch der Moderne. Und das wirft ein Licht auf das, was Broch unternahm, ohne daß hier Einflüsse hin und her gingen. Während aber Bloch den Versuch unternahm, das Tobende des Mittelstands auf den Begriff zu bringen durch die Diskursart des Traktats, unternimmt Broch dagegen, das Tobende, das Irrationale des Mittelstands literarisch situationell zu bestimmen, also eben mit Hilfe einer Rollensoziologie, ohne in Rollensoziologie zu verfallen.

Das bewirkte wohl die religionskritische Einstellung des Logikers, der auf solchen Ebenen besonders wichtig wird für die Frage, die ich meinem Vortrag vorangestellt habe mit dem Titel „Aufklärung durch Mythos und Mystik." Gewöhnlich wird das behandelt eben über die Schiene des Verhältnisses von Rationalität und Irrationalität, es kommt dann ein Insistieren auf das Umschlagen des Realen und Naturalen in den Traum. Dem entgegen freilich ist der Sinn dessen, was ich ansteuere, im Mythoshaften, im Mystischen, woanders zu sehen, nämlich in so etwas, wie den sich erst durch „literarische" Arbeit als solche entbergenden Mythen des Alltags, die Broch verfolgt. Es geht dabei gerade nicht um die Traumpassagen. Es geht gerade nicht um die irrealen Passagen oder die irrationalen Passagen, sondern es geht um so etwas wie den Mythos des Deserteurs oder den Mythos des Buchhalters, den Mythos des Großbauern oder Großgrundbesitzers, den Mythos des Geschäftsmanns. Lauter Mythen des Alltags spielen sich hier ab.

Von heute her müssen wir allerdings sofort überprüfend einsteigen, weil wir das Stichwort des Altagsmythos von dem französischen Literaturwissenschaftler und Philosophen Roland Barthes kennen, mit seiner Schrift „Mythen des Alltags." In dieser Schrift vertrat in den 60er Jahren unseres Jahrhunderts Barthes das Unternehmen, den Mythos nicht in einer mythischen Figuration zu sehen, sondern in einer mythischen Struktur. Das meinte bei ihm: Wenn wir heute unsere Zeit durchschauen und fragen nach dem Mythischen in ihr, dann geht es nicht darum, ob einer noch an einen Christengott glaubt, an den menschgewordenen Gott des Christentums oder ob er irgendwie transformierte heidnische Götter präsent hat, sondern Mythos liegt vor in der Struktur des Verbindens von einem Bild mit einer Bedeutung, die dem Bild nicht notwendig innewohnt. Und deswegen hatte auch Roland Barthes in den Mythen des Alltags die Werbung angesteuert, in der das laufend geschieht, dieses Verbinden von Bildern zu Bedeutungen, die nicht in den Bildern liegen. Das ist also der avancierte Stand einer neuen mythologischen Kritik bei Roland Barthes. Das gemeinte Verknüpfen von Bildern geschieht in den gesellschaftlichen Prozessen, statt daß es sich ergibt aus den Bildhaftigkeiten selber.

Wenn wir an den Mythos des Deserteurs in den Schlafwandlern denken, im letzten, im dritten Teil der Romantrilogie, Huguenau, oder etwa an den Mythos des Buchhalters in Esch, zweitem Teil der Trilogie, dann könnte man feststellen, wie sehr das mythische Figuren sind. Aber diese mythischen Figuren erhalten ihr Mythisches nicht dadurch, daß sie aus tradierter Mythologie irgendwie hereinübersetzt wurden. Nein, sie sind erst zu einem Mythos voranbetrieben dadurch, daß Broch, statt die Rollen einfach kritisch zu demontieren, statt das Versagen seiner Figuren in der gesellschaftlichen Situation kritisch zu begründen, eine Verstehenskunst für diese Figuren ausbauen will. Daher findet er noch in dem alltäglichen Dreck, in den Kleinlichkeiten des Alltags überschwingende, große Bedeutungen einer Versöhnung etwa oder eines Auslebens von Differenzen oder eines Erlebens und Erfahrens von Veränderungen im Antönen. Der Alltag zeigt sich als dasjenige, was gerade dem realistischen Blick den Zugang zum Mythischen eröffnet. Und deswegen glaube ich heute sagen zu können, Broch kannte schon so etwas, wie die mythische Struktur des Alltags.

Hin und wieder regt sich auch so etwas, anläßlich der Geschichte von Huguenau etwa, wie das Übersetzen einer Odyssee in den Gegenwartsalltag. Das wurde literaturkritisch gesagt, schon weil man literaturkritisch Broch in der Nähe zu Joyce mit seinem Ulysses sehen wollte: Alltag als Odyssee-Chance. Aber ich glaube doch, daß hier himmelweite Unterschiede zum Ulysses vorliegen und zur Odyssee selber, weil zentral das Odysseeische in dem dritten Roman der Trilogie nur eine ganz kurze Unterbrechung meint, die der Deserteurszeit Huguenaus, und dann fällt die Katze im Sturz wieder auf ihre vier Füße. Sie kann nicht anders, sie kann nicht Odysseus werden, sie kann die Ausfahrt nicht durchstehen, Huguenau richtet sich neuerlich ein, seine Herkunft verheimlichend. In einem abgehobenen Spiel muß etwas Altes wieder passieren, allerdings in der Spielform, das macht den desertierenden Ausflug von Huguenau aus in das Unternehmen eines neuen Geschäfts. Ein Geschäftsmann wird durch Krieg herausgerissen aus seinen alten Geschäften, das schildert Broch sehr überzeugend insofern, als es da auch eine Lust gibt, endlich nicht mehr die alten Geschäfte betreiben zu müssen, die Lust untermalt mit dem Moment eines: Endlich zurück in eine Welt, wo ich mir nicht die Aufgaben organisieren muß, sondern wo sie mir von Tag zu Tag sofort gestellt werden. Nach dem Frühstück tönt der Appell, der sagt, was mit dem Tag zu geschehen habe. Moment dieses Ausbruchs ist bloßer Unterbruch aus der Geschäftsmäßigkeit freier Unternehmerei in die Organisation von Militär. Dieses Moment macht aber bei Broch nur ein Überleitungsmotiv aus, weil Huguenau es nicht lange beim Militär aushält, sondern wieder aussteigt bei nächstbester Gelegenheit, um eine Zeitlang sich in dem zu halten, was Broch als unwillkürliche Ferialität umreißt. Man muß solche nämlich unterscheiden von der üblichen Ferialität.

Es geht um Alltagsleben, und da wissen Sie aus Ihrer eigenen Erfahrung, daß Ferien durch und durch organisiert sind. Meistens muß man in unserer heutigen Touristik etwa schon zwei Jahre zuvor wissen, wo man wie übernachten wird. Das war seit Beginn der

Touristik in der zweiten Hälfte des vorigen Jahrhunderts schon so. Diese Ferialität meinte natürlich Broch gerade nicht, sondern eine, in die man hineinstolpert. Plötzlich ist man zunächst einmal unbeschäftigt und dann kommt ein neuer Mythos auf im Huguenau, der mich beschäftigt für unsere heutige postmoderne Lage, nämlich der Gästestatus, in dem sich zunächst der Huguenau bewegt. Überall (er ist noch nicht einmal gezwungen, aus Tarnungsgründen seinen Namen zu ändern), also überall standesamtlich durchaus unter seinem Namen auftretend, ist er trotzdem wegen der Kriegsverschübe nicht identifizierbar und wird zunächst einmal wie jeder Gast genommen bei Unwissenheit über seine Desertion. Bis er irgendwo bleibt, wo er dann sofort in das Unternehmen eines neuen Geschäfts übergeht, das ihm im Gästestatus eben auch möglich macht, mit viel Versprechen und Erwarten zu arbeiten. Das ist der Vorteil des eintretenden Gastes, unter der Schutzglocke der Frage zu stehen, was habe er der Kommunikation oder Konversation vor Ort realiter beizutragen. Und siehe da, mit dem Versprechen gelingt es Huguenau dann auch sehr schnell, wieder eben auf die Füße zu fallen und seine Odyssee auslaufen zu lassen, um haargenau neuerlich der Huguenau zu sein, der er immer war. Derart zeigt sich Mythos in Brochs Sinn: Besetzen des Alltäglichen mit Bedeutungen, die weit darüberhinausliegen, einschließlich des Zurückfallens in die alten Verhaltensstrukturen. Hier läuft ein Mythisieren durch, das wohl jede Rolle stets betroffen hat.

Sie könnten jetzt einfach sagen, Broch betreibe da literarische Typologie. Zu erwidern ist dann: Nein, das tut er eben nicht, weil er in der Tat mit Figuren wie Huguenau, mit Esch und mit Pasenow viel weniger Personen meint, sondern eher Lebenslagen, und insoferne liegt ein Mythisieren durch und durch vor, ganz außerhalb der vielen Traumpassagen. Dieses konkrete Mythisieren führt zu dem Umstand, durch den klar wird: Wo in der Tat Broch konkret mythisiert, macht er das am wenigsten mit, was übliche Interpretationen seinem Mythischen bis Mystischen unterstellen, nämlich das Irrationale und Alogische. Sondern er hat eine Erfahrung , die etwa der entspricht, die schon in den 20er Jahren Ernst Cassirer gewann im Hinblick auf den Mythos mit dem Entwurf zu seiner symbolischen Philosophie oder Philosophie des Symbolisierens, worin geklärt wurde, daß der Mythos selber nicht dem Irrationalen zugehört, sondern nur in seiner Berufungsweise schließlich auf irrationale Quellen sich zurückbezieht, nämlich auf Offenbarung, anders als die empirische Wissenschaftlichkeit der Neuzeit, die an die Stelle der Offenbarung die Erfahrbarkeit durch die wachen Sinne rückt.

So betreibt auch Broch ein ganz rational durchblickendes Mythisieren in seiner Typologie, wobei er versucht, dann auch eine Abfolge von Lebenssituationen in den Schlafwandlern hervorzurufen, die den Zeiten zugehört. Das Ende des 19. Jahrhunderts bedeutet dabei den Versuch des Konservativen, mit bohème- und dandy-romantischer Ästhetik sich in eine Nische der wirklichen Gesellschaft zurückzuziehen, anläßlich Eschs der Beginn des 20. Jahrhunderts denjenigen, der erotisch-mystisch, so sagt Broch selber, sich auf die revolutionären Bewegungen seiner Zeit bezieht, und dann der Ausgang des ersten Weltkriegs im dritten Teil beim sachlichen Geschäftsmann Huguenau denjenigen auf den wertfrei gewordenen Menschen. Das Letzte ist im Hintergrund immer das Grundthema von Broch: Verfall der Werte.

Ich glaube, wenn man ihn von einem rationalen Durchblick durchs Mythische mittels des Mythos her begreift, von einem konkreten Umgang mit dem Mythischen her, dann erfährt man das Wesentliche, das häufig den Interpretationen von Broch entgeht, nämlich daß der Wertezerfall nicht das Auflösen der Werte im Sinne ihres Verschwindens bedeutet, sondern durch und durch die Vereinzelung von Wertesystemen. Das nennt der Autor dann das Engwerden von Privattheologien. In dem Begriff weist er schon auf, daß er das Wertsystemische ohne weiteres weiter am Werk sieht, bloß nicht in der Weite eines gesamten Weltbildes, das systematisch organisiert wäre, sondern verengt auf bestimmte Lebensbereiche, in denen Personen verkehren. Also taucht etwa das Wertsystem der Buchhaltung auf, das ein anderes ist, als das Wertesystem des Geschäftemachens, was wiederum ein anderes ist, als das Wertsystem einer ästhetischen Insel innerhalb einer prosperierenden Geschäftswelt, welches die Figur des Bertrand ausmacht, des Widerparts seines Freunds Pasenow in Roman Nr. 1. Hier geht es laufend um partikulare, um vereinzelte Wertsysteme, die sich in den engen Privattheologien quälerisch entfalten. Hier arbeitet also der Religionskritiker und geht im Namen des Wertsystems zur Logik solcher Religiositäten über. Nicht Werte verschwinden, das ist entscheidend in der Grundfrage, wenn vom Wertezerfall bei Broch die Rede ist.

Und das macht eben wieder auch die hohe Fähigkeit aus, alles an Verstehen aufzubringen für Verhaltensweisen, Situationslösungen, die wir nach einer einfachen Moral einfach ablehnen müßten. Der miese Geschäftsmann, der tobende Buchhalter und der lahmwerdende Grundbesitzer, der sich auf seine Äcker zurückzieht, was sind das für Tröstungen, aber die realen. Was wir eigentlich verachten müßten, dem gewinnt Broch Verständnis ab über die Not der partikularen Wertsysteme, die hier doch am Werk sind und eine mystische Sehnsucht mindestens immer noch mitsignalisieren.

Die Ambivalenz gegenüber dem Wertezerfall ist wieder einmal dasjenige, was Ambivalenz nicht als Zweideutigkeit, Mehrdeutigkeit oder Vieldeutigkeit dastehen läßt, sondern als ein von den Rändern her genau bestimmbares Dazwischen. Zwischen Positionen stehen, das erzählt Broch, diese kommen dabei sehr wohl zu Worte und können noch in Situationen eines Versagens die Sehnsucht bestimmen, statt wie manche Theorie sie als leeren Affekt auslaufen zu lassen.

Und diese Bestimmungskunst machte wohl etwas Merkwürdiges geltend, was die gesamte Broch'sche literarische Arbeit durchzog und den Titel der ersten großen Trilogie ergab, die Schlafwandler, also die Schlafwandelei. Ein schlagender Titel, der einem alles in Richtung Traum aufkommen läßt, was mit dem Irrationalen zusammenhängt, das ja ein sozusagen dem Broch angeheftetes Markenzeichen. Diesen Titel aber hat der Autor ganz spät schließlich entschieden, als längst schon die Korrekturfahnen liefen. Er hatte zuvor alle möglichen anderen Titel im Auge gehabt. Denn er schwankte wohl aus seinem Sinn für genaues Dazwischen, in dem er sich fragte, ob das Motiv der Schlafwandelei nun am besten träfe, was er durch den Dreierroman meinte. Wenn Sie den wörtlichen Zitaten seiner Reden im Text der Schlafwandler im Hinblick auf Schlafwandelei nachgehen, hat Broch die Ambivalenz, die er sonst immer zunächst im Begriff hat, außer Sicht gelassen. Wenn Sie dagegen die Textpassagen nehmen, wo das Wort fehlt, geht es immer darum, daß der Traum das Leben besetzt, daß also statt wirklichen Lebens, das sich organisiert, freischweifend geträumt wird, als seien unorganisierte Schwebe und unkanalisierter Strom das wirkliche Leben. Wo Broch also das Wort der Schlafwandelei nicht gebraucht, da verdeutlicht er die Ambivalenz. Auf der einen Seite ist demnach die Schlafwandelei losgelöstes Träumen im freien Raum, einschlagend oder sich dazwischenschaltend oder sich ethisch ergebend in einer Pause des Lebens. Andererseits wissen wir sogar bis in die Redewendung von schlafwandlerischer Sicherheit, daß in der Schlafwandelei ein Merkwürdiges liegt, nämlich das Motiv des Reiters über dem Bodensee, welches meint, man würde lebend in äußerst kritischen Situationen immer noch eine Lösung blindlings und hinter eigenem Rücken finden, die zu der Zeit und an der Stelle lebbar zu sein scheint, die also Verständnis provoziert. (Brecht: Wer lebt, sage nie niemals.) Solche Ambivalenz der Schlafwandelei läßt sich zusammenfassend ausdrücken in der einen Seite losgelösten freifliegenden, freiflatternden Traums, der die andere Seite selbstverständlicher Sicherheit sich anschmiegt, in der man sein Leben dann doch improvisatorisch organisiert. Und erst im nachhinein merkt man: Mensch! das ging.

Kritisch wird es natürlich an der Stelle von Huguenaus Mord, wenn Verstehenskunst darauf hinauslaufen will, der Mensch sei wesentlich Mörder. Huguenau, der beiläufig mordet und so mordet, daß es gar keinen Sinn für seine Tätigkeiten ergibt, noch nicht einmal einen propagandistischen, noch nicht einmal einen ihn tarnenden, ihn schützenden, also etwa Zeugen beseitigend, es handelt sich also um einen ganz sinnlosen Mord, allenfalls mit einem Rachemotiv dahinter, wo Huguenau sich viel besser anders hätte rächen können als durch Mord und das auch schon getan hat. Der Mord steht quer zum Problem der damaligen Zeit in Brochs Verstehenskunst. Denn Huguenau ist in diesem Mord noch kein methodischer, politischer Berserker. Bloß weist freilich Broch damit auf etwas, was Bloch wiederum in „Erbschaft dieser Zeit" darzulegen versucht hat: Wie ambivalent stillhaltende Bereitschafts-Positionen zu Anderem weitergehetzt werden können, wenn man Gelegenheit dazu macht. Man nehme die Gelegenheit des Huguenau außerhalb der revolutionären Situation von 1918, da begeht er keinen Mord. Er ist ein ordentlicher Mensch, der nicht vor Gericht gezogen werden kann. Aber in ihm steckt die Ambivalenz, die genauso beim Esch vorliegt, genauso beim Pasenow, wenn auch anders: Mord im wühlenden Dazwischen. Ich wollte aber an diesem Beispiel herauskehren, daß in den verengten Wertsystemen und ihrer Darstellung durch die personalen Situationen eine Ambivalenz der Verstehenskunst doch so etwas wie eine mehrdeutige Schlafwandelei deutet, auf Wegen der Möglichkeit eines rücksichtslosen Lebens und eines Lebens der Improvisationskunst.

Wir finden darin also nach der einen Seite eine Systematisierung des Inhumanen mit der stillhaltenden Bereitschafts-Position zur Berserkerei, die jeden Augenblick auszubrechen vermag, auf der anderen Seite den Protest gegen die Organisation des Lebens. In anderen Referaten des Symposions tritt viel stärker auf das Thema der Anarchie als bei meiner Thematik, also das jener politischen Bewegung mit dem Anspruch eines Entorganisierens der Gesellschaft zur Selbstorganisation der Individuen, der von Broch ihre notwendigen Gefahren notiert werden. Das kann man kaum oft genug betonen, wollte man nicht Broch in eine zynische Richtung schieben, nämlich gemäß dem Spruch, verstehbar sei alles und Verstehen heiße Verzeihen. Man hat auch heutzutage häufig damit zu tun, daß ein solches verzeihendes Verstehen das Verstehen entweder dazu provoziert zu sagen, hier mache man endlich Schluß mit dem Verständnis, sonst müsse man einräumen, daß man nur und nur verzeihen will. Hermeneutische Ansicht verweigert dies, sie muß Verstandenes am wenigsten verzeihen. Ich glaube, hierzu ist uns Hermann Broch ein ganz ausgezeichneter Lehrer, begreift man ihn von einer praktischen Theorie her.

Schlafwandelei wird also jetzt eigentlich zu dem Topos der wesentlichen Farbtonambivalenz, die selber sozusagen der schriftstellerisch handlungsleitende Mythos Broch'scher Literatur zu sein vermag, weit über die Schlafwandler selber hinaus. Und das zeigt die Schwebe, die ich vorher schon im Desertieren gemeint habe mit der unorganisierten Ferialität eines Falls ins Nichts-Jetzt. Solches hat zu tun mit etwas, was sich, wie wieder bei Ernst Bloch findet, indem der sich als ein Hermann Broch sehr verwandter Denker erweist in den theoretisch-literarischen Unternehmungen der 20er/30er Jahre. Es gibt in den „Spuren" von Bloch eine Geschichte, die mit dem Titel eines Falls ins Jetzt aufscheint. Es berichtet dazu Bloch von einem Bettler auf den Stufen eines Palastes oder Regierungsgebäudes, wo auch andere Leute vorbeigehen. In einem Kreis hat man sich da versammelt, man kennt den Bettler nicht und fängt darum zu fragen an, woher er denn käme, und schließlich, was er sich wünsche. Und da erzählt er, er wünsche sich, ein König zu sein, aber als solcher bemerke er nicht, wie sich Feinde zusammentäten, die ihn dann vertrieben. Aus dem Wunsch für die Zukunft ist Bericht einer Vergangenheit geworden und so läuft die Geschichte fort. Die Hörer denken natürlich an Großsprecherei, alle Bettler meinten, daß sie Könige gewesen seien Aber die Geschichte mündet in die Konstatierung des Bettlers, und seit gestern sei er hier und habe nur den Wunsch nach einem Hemd. Also ein König bittet am Ende einer Abwärtskarriere, die er sich im Anhub gewünscht hat, um ein Hemd, Fall in Jetzt. Aus einer langen, langen Geschichte aus Wunsch zu einer in die Gegenwart laufenden Vergangenheit heraus tritt plötzlich das Jetzt als das Problem auf und gibt verblüffend eine Sicherheit. Diese Fälle ins Jetzt sind wohl auch die treibenden Motive einer durchgängigen Schlafwandelei während Brochs Romantrilogie, nicht nur dort, wo das wörtlich auch so besprochen wird. Eine Art auffallender Sicherheit liegt ebenso im Verhalten jener Personen, von denen da die Rede umgeht. Damit habe ich versucht, an die Ambivalenz des Mythischen heranzukommen, deren Broch'scher Gleitkern die Schlafwandelei als Mythos selber zu sein vermag.

Die Frage bleibt: In welchem Verhältnis steht das nun zu dem, was die Rede der Mystik bei Hermann Broch zu treffen vermag. Die Sache der Mystik formuliert er selber, und dazu hat man stark den Eindruck, als wenn er die alltägliche Auffassung von Mystik teile, nämlich diejenige, Mystik umkreise das Verlangen nach einer Einsicht von allem in einem Zeitpunkt, einem Nu. Myein kommt ja dem Wortsinn nach von Augen-schließen, das man als Mischen der Eindrücke verstehen darf, und geht insofern auf ein großes Mischen von allem und jedem, das einen plötzlich einmal gepackt hat. In diesem Verlangen nach überfallsartigem Gepacktsein durch das Wahre zeigt sich die menschliche Ungeduld der Weltsicht. Und nichts hat Broch stärker durch sein Werk kritisiert, als diese menschliche Ungeduld, demnach wäre er nicht so sehr Mystiker wie Kritiker der Mystik. Daher steht auch bei ihm verächtlich machend, daß sich Esch etwa in einen erotischen Mystizismus zurückzog, daß sich Pasenow in einen ästhetischen Mystizismus zurückzog und Ähnliches. Hier müssen wir aufpassen, das Wort der Mystik wird dann eingesetzt von dem Alltagssinn her, der in unserer Kommunikation umgeht. Derart sind das die Mystizismen, die verzweifelten Sprung machen aus Unlösbarkeiten und sei der Sprung bis an Satire herangetragen.

Da taucht etwa im dritten Teil der Schlafwandler ein Aufsatz von dem preußischen Junker Pasenow auf, den der in der Zeitung einer kleinen westrheinischen Stadt veröffentlicht hat, um einen neuen Kurs zu eröffnen als Stadtkommandant im ersten Weltkrieg. In lauter Bruchstücken dieses fingierten Aufsatzes rezitiert Broch einen protestantisch lutherschen Gedanken, und das ist der Gedanke, der Mensch sei nicht fromm durch seine Werke, sondern noch so viele fromme Werke machen keinen frommen Menschen, der fromme Mensch wiederum müsse sich nicht durch fromme Werke auszeichnen, darum ginge es um die Frömmigkeit an sich ohne Beimengung der Werke. Also meint der Autor Broch durch seine Gestalt des Pasenow das, was zuvor Max Weber in der Soziologie sozialgeschichtlich aufgedeckt und ausgesprochen hatte als die Gesinnungsethik des Protestantismus im Namen kapitalistischen Verabsolutierens der Arbeit gegen katholische Werkethik, der die frommen Werke die Frömmigkeit machen. Solches muß auch Broch studiert haben, wenn er Pasenow Lösung darin finden läßt, es gehe immer um eine Gesinnung, nicht um deren Folgen.

Das soll zwar am wenigsten unfromme Werke rechtfertigen, aber die Pflicht zum Sichmessen an Güte der Werke relativieren, darin läßt Broch den Pasenow mit seinem Freund Bertrand schließlich übereinkommen, der nur nicht in der Richtung auf Protestantismus die Lösung sucht, sondern in Richtung auf Ästhetizismus. Was dann heißt, daß es dem Ästhetizismus weniger um Großwerke der Kunst geht als um eine durchschnittliche Erträglichkeit des Erscheinenden für das Wahrnehmen in einem gestylten Reiseleben erschwerter Erreichbarkeit. Beide Unternehmen versuchen, das wirklich Schweinische ästhetisch oder moralisch zu vermeiden, das ist ihr Hauptanliegen. Also ist ihre Orientierung negativ Vermeiden der unfrommen Werke. Und wenn diese doch unterlaufen, jeder Mensch ist fehlbar, dann sollen sie, nun aber werkmäßig, irgendwie wieder gutgemacht werden. Dabei ist allerdings zu wissen, daß unfromme Werke durch Gutmachen keineswegs aus der Welt zu schaffen sind. Katholische Absolution schließt sich aus, an ihrer Stelle sei der Rückzug aus den Werken überhaupt zu suchen, um an der Wurzel ein Gutmachenmüssen zu erübrigen. So viel zu Brochs Vorbringen einer protestantischen Mystik, der des Augenschließens vor den Werken, in seinem dritten Schlafwandlerroman „Huguenau oder die Sachlichkeit." Blanker Hohn taucht in Brochs Behandlung dessen auf, die Rückzugsmentalität trägt er vor in Bruchstücken unaphoristischer Darstellungsabsicht, in Bruchstücken aus Zeitungs-Artikel, zu welcher Form der Ablauf protestantischer Predigerphraseologie sich albern ausnimmt. Als käme es mystisch bloß darauf an, ein paar richtige Worte zu finden oder auch bloß Wortbrocken, und dazu ist dieser preußische Stadtkommandant auch imstande. Da entsteht dann so etwas wie der menschenfreundlich weltbürgerlich gesonnene Pasenow, dem das Nationalistische des Weltkriegs zuwider ist. Aber in dem von Broch als Fragmenthaufen gefaßten Artikel rechtfertigt er trotzdem mit entsprechend phrasisch aufgepumpten Tonweisen, nicht nur die Deutschen trügen das Nationalistische als Fahne vorweg, das täten gleichermaßen die Franzosen, Engländer, Russen. Darin zeigte sich eben die Realblamage aller Nationalismen dieser Welt. Pasenow skizziert also das in der Schulddebatte über den ersten Weltkrieg so beliebt gewesene große Misch-Masch, die Retorte, in der es kreiselt, und nennt diese angenommene Verstricktheit aller mit großer Wortgeste das Reich des Antichrist, Nationalismus geheißen. Dieses Reich, diese Hölle, die da realisiert worden sei von allen, böte aber die Chance zum Aufbruch dazu, nie mehr in Nationalismen zu verfallen, und dann wäre es der Opfer wert, die es verlangt. So übersetzt sich die Gesinnungsethik des Protestantismus zu der These: Es gibt keine Schuldigen und keine Unschuldigen, schmutzige Hände haben alle, das Thema der Schuld wird derart vom Tisch gefegt. Und der Ausbruch der Barbarei im verwirklichten Antichrist einer großen Apokalypse habe noch großen Sinn einer möglichen Ankündigung und Durchsetzung des Paradieses. Solche Einstellung kehrt bekanntlich seit dem Per aspera ad astra in allen Vorschlägen zu Schocktherapien wieder.

Und so wird dann auch Pasenow von dem den Sozialisten anarchistisch nahestehenden Esch gelesen, in dessen relativer Schlichtheit des Verständnisses, und Esch wird begeisterter Anhänger nicht zwar gerade des Majors aus Preussen, doch des protestantischen Artikels vom Major. Plötzlich merkt da Esch, man sei nicht schuldig, weil man noch nichts Wesentliches gegen den Weltkrieg getan habe, der sei ja nötig als der Ausbruch aller Nationalismen. Man könne also sagen, man sei gegen diesen Krieg, besonders auch gegen die deutsche Ideologie dieses Kriegs, aber damit genauso gegen die französische, englische, italienische, österreichische, russische Ideologie dessen usw. Und der Krieg bekomme trotzdem einen vertretbaren Sinn. So wollen sich plötzlich preussischer Junker und rheinischer Kleinbürger zusammensetzen und ihre Träume gemeinsam träumen. Das wird alles dick aufgetragen, satirisch gemacht in Brochs Darstellung der Bibelstunde, die der bis dahin äußerst engagierte Freidenker Esch zu organisieren beginnt, von einem Major zum Sinn der Religion gebracht, und dann geraten beide da in mystische Ekstase. Durchs Satirische dessen zeigt Broch wiederum die bestimmte Ambivalenz statt der verundeutlichenden, ob in der Art der fragmentarischen Zitation des Pasenowschen Zeitungs-Artikels oder in der Art der Bibelstunde mit der Freundesgruppe Esch/preußischer Major. Man möchte, nähme man die Bibelstunde realistisch ernst, Sympathie entwickeln für den kleinen Schuft Huguenau, wenn der die Bibelstunde benutzt, dem Major eins auszuwischen, indem er ihn an passender Stelle verdächtig macht, er halte es mit Sozialisten und Anarchisten. Der kleine Taktiererzug wirkt geradezu erfrischend gegenüber einem schleimigen Sichsolidarisieren aus gefühligen Mißverständnissen. Daran wird aber Satire zur Interpretationsnotwendigkeit, und die Satire klärt in Sachen des Mystischen ein Kontra bei Broch, welches ebenso gegen ästhetische Mystizismen ergeht. Aber wie läßt sich dann verstehen, daß doch der Mystizismus eine utopisch unsatirische Rolle bei Broch spielt. Wie ist zu verstehen, daß Broch selber mit des Mystischen verdächtigbaren ästhetischen, nämlich literarischen und künstlerischen Mitteln arbeitet. Dies muß man am besten beleuchten durch das, was dem ersten Roman der Schlafwandlertrilogie Titel gab: Pasenow oder die Romantik. Das Romantikverständnis von Broch gibt die Klärung. Er faßt nämlich zunächst einmal die Romantik so, wie sie dem üblichen Wortverständnis nach umgeht. Und doch hält er sich motivisch dabei an etwas, was man zunächst für unromantisch einschätzt, er läßt nämlich den Bertrand sagen von dessen Welt, das ist die Welt des wilhelminischen Kaiserreiches, sie habe die Uniform zum Zentralthema der Romantik gemacht. Man lebe wilhelminisch in einer Romantik der Uniformen. Und Pasenow, damit spricht er Brochs Meinung aus, reagiert darauf mit der Ansicht, die Uniform selber sei die wesentliche Realisation des Romantischen. Denn das Romantische sei immer unterwegs gewesen dazu, Irdisches an die Absolutheit zu knüpfen, also Endliches für Unendliches auszugeben.

Damit ist er nur bei dem angelangt, was die Spätromantik in der zweiten Hälfte des 19. Jahrhunderts in Deutschland und in deutschsprachiger Kultur hervorrief und was man mehrfach anders ausdrücken könnte. Versuche mans mit dem: Romantik der Uniform oder auch Romantik der Idylle: Eine alltägliche Szene erfüllt die Erlösungssehnsucht der Romantik, die Uniform etwa erlöst von den Unzulänglichkeiten des Einzel-Ichs. Das trifft natürlich nicht den Kern, und das spürt man auch bei Broch, daß er wiederum weiß, Romantik war jene Kulturbewegung, die das Produzieren über das Produkt stellen wollte, so hatte das Friedrich Schelling ausgesprochen. Man solle über dem Produkt das Produzieren, die Arbeit nicht vergessen, das Bilden nicht vergessen, das Konstruieren nicht vergessen, so zitierte ihn zustimmend Karl Marx. In solchem Sinn ist die Romantik nicht in der Phase zu erschöpfen, in der sie restaurativ wurde, in der sie von sich behauptete, sie wisse nun, was die Erlösung sei, sie wisse nun, was die Ordnung sei, das meine ich nach den beiden Metaphern: Romantik der Uniform, Romantik der Idylle, seis statt der rosigen die schwarze.

Die Vorgabe erlangter Gewißheit bedeutete den Umbruch aus den Revolutionen um die Jahrhundertmitte, die auf werdende Zukunft sich gerichtet habende Romantik wurde restaurativ. In ihrem Originalen aber war sie orientiert am Produktiven. Was dann Walter Benjamin in den Zeiten, in denen Broch zu arbeiten begann, hervorgekehrt hat durch seine für Broch-Interpretation meines Erachtens so wichtige Schrift, obwohl Broch darin nie zitiert wird und er selber sie nicht kannte, auch nicht kennen konnte. Die gemeinte Schrift Benjamins stammt von 1917/1918 und hat den Titel: „Der Begriff der Kunstkritik in der deutschen Romantik." Der Sache nach müssen wir, wenn wir den Romantik-Begriff bei Hermann Broch durchleuchten wollen, auf Benjaminischen Spuren gehen, und da steht bei Benjamin eben die Grundansicht: Romantik brachte die Auseinandersetzung mit der Kunstproduktion über die Kritik selber zur Kunst, d. h. die Kritik wurde künstlerisch. Daher geht es um solche Auseinandersetzung und nicht um das Endwerk in seiner für die Ewigkeit erarbeiteten, ausdiskutierten Vollendung etwa, nicht um das große autorisierte Werk also, sondern es geht um ein Fragen, wie wurde es zustandegebracht und wie haben wir damit weiter produktiv umzugehen. Da zeigt sich also das Hochmoderne, das Produktionelle an der Romantik, woraus die Spätromantik in der Tat schmiedeeisern und bierernst das Ergebnis zu schmieden versuchte in Uniform und Idylle. Von solchem Gesichtspunkt her läßt sich bemerken, wie sehr Broch den Begriff selber gebraucht zunächst in der Weise der 2. Hälfte des 19. Jahrhunderts.

Aber der Sache nach geht es ihm darum, wie sich solche Romantik des späten Restaurativen motiviert. Bei Pasenow wird das Motiv erörtert als unfaßliche Verzweiflung, bei Esch wird es erläutert als Ausbruch. Esch bricht ja immer wieder aus. Er wird sogar der Impetuose genannt, so mag einer heißen, der immer wieder einen Impetus austragen muß. Bei Huguenau ist es die von Langeweile unbegleitete Bereitschaft zur Wiederholung, das Prinzip Reihung schlechthin im Reihen des Nämlichen. Reihen reicht dem kleinen Schurken aus als seine Fluchtperspektive zur partialen Wertesystematik der Geschäfte. Gegen solche Position wird gerade an dem, dem die Romantik expressis verbis titular zugeordnet ist, an Pasenow gezeigt, wie die unfaßliche Verzweiflung entsteht. Und da entwickelt Broch einen Sinn für die produktive Romantik. Wenn man nämlich die Romantik als historisches Kulturenphänomen verfolgt, dann erweist sie dialektisch einen Prozeß vom Leben zum Uniformieren des Lebens oder vom Erhabenen zur Idylle, selbst der schwarzen, aber in diesem Prozeß ist sie auch umkehrbar. Und das tut Brochs literarische Arbeit selber, er ist insofern ein romantischer Literat und romantischer Denker. Man kann an ihm eben so genau die Positionen, die er erschreibt, erfassen, um dann auch wieder aus ihnen herauszutreten, und das läuft für mich über den bedeuteten Diskursartenwechsel, wobei Broch sich auf jeden Diskurs versteht, den er formuliert, den er strukturiert, ja selbst da noch, wo er zu einer Art Pasenow selber wird.

Nehmen wir den Beschluß der Schlafwandler, den fängt er in Sachen der Philosophiegeschichte und der Religionsgeschichte hoch idealtypisch an. Da taucht jüdische Religion auf, dann taucht der Katholizismus auf, dann taucht der Protestantismus auf, alle in einem Grundton gegeneinander abgehoben, sich gegenseitig überholend, und dazu schließlich auch noch Positivismus und Marxismus usw. Hier schlägt ein Identifizieren zu, das Broch selber zu so etwas macht wie einen Mystiker des Alles in Einem, Eines in Allem. Derart wird etwa die jüdische Religion nur von der Gesetzlichkeit her gefaßt, die katholische nur von den Werken, die protestantische nur von der Gesinnung, Positivismus und Marxismus nur von ihrer empirischen Haltung der Erfahrungswissenschaftlichkeit her. Als solche definierten Klarheiten werden sie im Wertezerfall grob ineinander folgend derartig vermischt, bis daraus tatsächlich die Retorte des Wertezerfalls sich erweist und einspielt. Zurück bleiben nur noch Abstrakta wie bei Pasenow die Weltkriegsansicht, die Barbarei erzeuge die Utopie der Humanität als Möglichkeit realiter. Die Wertezerfällung durch all die Idealtypen der Philosophie hindurch erzeuge die Chance eines humanen Weltbildes. Wäre dem so, dann sind wir tatsächlich in einem Idealtypischen von großer Verführungskraft angelangt, das sich aber mit dem Mystischen bei Pasenow verwechseln läßt. Nur müßte man sagen, auf der einen Seite bei Pasenow liege ein ästhetisch einfunktionierter Mystizismus vor, auf der anderen Seite bei Broch, dem Autor liege ein theoretisch behaupteter Mystizismus vor.

Doch Broch hat seine Mystikfrage darin nicht erschöpft, sondern er vertrat beharrlich, daß Mystizismus auf allgemeiner Ebene eine Lehre der Ungeduld wäre, des Sofort, und er bleibt auch im Beschluß ein Polemiker gegen das Sofort der Ungeduld aufs Ganze und geht wiederum über in den Theoretiker und Literaten des Dazwischen. Denn sonst wäre tatsächlich der Beschluß der Schlafwandler unter philosophischer Perspektive ein oberflächliches merkmalslogisches Philosophieren, das bestimmte Weltbilder an einem Zug festmacht und der läßt sich entweder vergleichen oder unterscheiden. Dadurch kann man dann historisch gegeneinander absetzen oder die Weltbilder durcheinander entwerten. Solches läßt aber die andere Seite der Schlafwandelei, eben die Bereitschaft zum Dazwischen bei Hermann Broch nicht zu. Es geht darum, mit Einstieg in Mystizismus immer wieder aus ihm herauszufallen.

Dann ist es mit dem Mystizismus folgendermaßen bestellt: Unser verzweiflungsvolles Versuchen, den Idealtypen zu entgehen in unserem Weltverhältnis, ihre Oberflächlichkeiten zu vermeiden, zwingt uns in die Mystik der Differenz, im eadem, sed aliter das aliter betonend, statt Mystik des Zusammenfalls flüchtend aufsuchen zu können. Die Ideologiegeschichte der Mystik zeigt bis zu einem Literaten der Mystik aus den letzten Jahrzehnten, Jorge Luis Borges: Mystik war nie gedacht als die Retorte eines Wirbels im Ein und Alles eines Augenblicks, sondern Mystik lief in der genauen Suche immer weiter in die Differenzen des Mensch-Weltverhältnisses, wenngleich ständig aufgestöbert von der Intention auf das, was auch Bloch den erfüllten Augenblick nannte. Der meint eben ein Aufgestöbertsein und eine Angetroffenheit, kein Ziel, in dem wir rotieren könnten. Es gibt eben die routinierte Mystik, und es gibt die unroutinierte Mystik. Konkretes Mythisieren bei Broch, wie es zuvor behandelt wurde, ist immer unterwegs gegen die Routine der Mystik, obwohl es ohne deren Zitation nicht auskommt. Manchmal fühlt man sich, Broch lesend, tatsächlich bei Priestern und Pfarrern dem Tonfall nach, als sollte man eingefangen werden zu einem Glauben. Doch dann öffnet sich das Thema eines Ansteuerns des Mythischen und des Mystischen unter der Perspektive des genau sich bestimmenden Dazwischen.

Derart bricht sich am und im Mythischen das Mystische und umgekehrt. Mystik wird zu einer differenzierenden Vorbereitung auf den flüchtigen Augenblick, den man sogleich auch wieder verläßt, weil sich in ihm alles andere als schwelgen läßt, das bietet nur routinierte Mystik laufend an. Die Brechung zwischen Mythos und Mystik erzeugt das Umschlagen mystischen Bemühens in die Mythen der Mystizismen, um deren Sehnsuchts- und Bestimmungsmacht im Alltag darstellerisch zu verfolgen. Von der späteren Strukturergründung der Mythen des Alltags bei Roland Barthes unterscheidet sich das insofern, als es sich zu konkreten Lebenstypen ausgestaltet, muß aber so etwas wie die von Barthes dann später aufgedeckte Funkions- und Abkoppelungsstruktur dem Sachverhalt nach schon vorausgesetzt haben. Brochs Mythen von den mystischen Ausweichungen, Fluchten und Ruheständen sind nämlich, wie das schließlich Barthes für seine folgende Gegenwart annahm, neu entwickelt ohne sonderliche Zitation alter Mythen, außer in ihrer semiotischen Struktur. Und beiden, Broch wie Barthes wurde Entmythologisieren zu einem höchst prekären, in immer neuen Anläufen immer wieder scheiternden, doch unvermeidlichen Unterfangen. Broch gehört folglich, obwohl sein Thema die Anschlüsse an den Irrationalismus ausmachen, zu einer Moderne, die sich dem Rationalismus verschrieb. Das hat Jacques Dugast in Brochs Auseinandersetzung mit dem Problem des Ornamentalen dargelegt, worin er, Broch, den Trieb zum Ornament von dessen Kritikern seit Adolf Loos zwar falsch eingeschätzt und begründet sieht, auch die Hintertüren und Umwegsbereitschaften dieses Triebs vernachlässigt empfindet, aber dennoch doch auch vom geschichtlichen Sichüberholen und Sicherledigen eines tradierten Ornaments redet, das nur anders wiederkehren könnte. Nur hat Broch wie etwa Bloch und Benjamin vor allem gegen bloßes, voreiliges Verdrängen des Mythischen, Mystischen und Irrationalen geschrieben und besonders gegen ein borniertes Verwechseln des Irrationalen mit dem Mythischen und Mystischen, als käme er von Cassirer her. Dabei suchte er die Rückkehr des Verdrängten nicht in den Tiefen individueller Frühgeschichte, wie Sigmund Freud, und auch nicht in denen der kalten Frühgeschichte der Menschheit, wie später dann Claude Lévi-Strauss, sondern auf der Oberfläche des Alltags seiner Zeit. Doch alle diese Unternehmungen gegen das Verdrängen schließen sich nicht aus, im Gegenteil, sie schließen sich zusammen.

Wahrheit und Tragik der Anarchie

Über die Anarchie des August Esch in der „Schlafwandler-Trilogie"

Endre Kiss

Die Broch-Literatur, einst vor dem Horizont des Neuanfanges der fünfziger Jahre, des intellektuellen kalten Krieges, der neuen Sensibilität für eine neue Romanästhetik, der neomarxistischen Attacke auf Hermann Broch und einer erfolgten, an wirklichen neuen Interpretationsansätzen aber sich eher als arm erweisenden Abwehr dieser neomarxistischen Infragestellung, steht heute mit gemischten Positionen ihren aktuellen zeitgeschichtlichen Herausforderungen gegenüber. Einerseits nimmt sie den gestiegenen Grad ihrer eigenen Aktualität wahr. Sie erlebt, daß viele Elemente ihres Umfeldes, die bisher eher nur als die inneren Belange ihres Alltagswerkes galten, plötzlich deutliche und sinnvolle Gestalt in den öffentlichen Auseinandersetzungen annehmen. Der „Zerfall der Werte" wird heute in vielen Regionen der Welt zur Essenz einer historischen Verschiebung der heutigen Werte; er ist also nicht mehr eine methodisch gewiß immer problematische Rekonstruktion eines historischen Vorganges. Andererseits muß die Broch-Forschung feststellen, daß ihre aktuellen Antwortmöglichkeiten auch beschränkt sind. Wie so oft innerhalb und außerhalb der Wissenschaft: Die von der Geschichte zur Verfügung gestellte Zeit wurde nicht eifrig genutzt. Vielleicht aber ist es doch eine zu unbegründete Zumutung der menschlichen Geschichte und Kultur gegenüber, wenn man meint, die guten Zeiten wären dazu da, auf Probleme, mit deren Wiederkehr man unbedingt rechnen muß, die gute Antwort zu finden.

Wie bei kaum einer anderen Gestalt des Romanpoeten Hermann Broch wird der veränderte hermeneutische Horizont unserer Tage bei August Esch aus der „Schlafwandler-Trilogie" wahrnehmbar. Denn mit ihm schuf Hermann Broch eine literarische Gestalt, die für die Anarchie in unserem Jahrhundert stehen kann. Esch entspricht auch nicht jedem beliebigen Begriff der Anarchie, wohl aber einem, der von überwältigender Originalität und Kreativität zeugt. Die Figur des August Esch gehört zu den bleibenden Idealtypen unseres Jahrhunderts, er ist eine mythologische Gestalt der Literatur, nicht zuletzt deshalb, weil in ihr Hermann Brochs eigentümliche Doppelbegabung, das Literarische und das Philosophische, einander optimal ergänzen und tatsächlich zu jener neuen Qualität der Darstellung führen, die Broch vorschwebte. August Esch ist ein Protagonist der Anarchie. Als literarische Gestalt vertritt er aber eine Art Anarchie, die auch als rekonstruiertes und im Konkreten entworfenes historisches Phänomen das gedankliche Produkt des Denkers und Zeitkritikers Hermann Broch ist. Der Dichter schafft keine Gestalt aufgrund bereits existenter, präformierter gedanklicher Grundlagen, die Grundlage der Konstitution der literarischen Gestalt wird durch originelle geistige Arbeit geschaffen. Dieselbe Gestalt gewinnt aber ihre dichterische Legitimität *par exellence* trotzdem nicht aus einer mechanischen Anwendung der neuen theoretischen Errungenschaften des Denkers Hermann Broch, sondern aus der Kraft und Plausibilität der dichterischen Authentizität des Protagonisten August Esch. Somit erleichtert es das soeben erwähnte gelungene, wenn nicht gar vollkommene Ineinander von Philosophie und Dichtertum, jenes immanente Problem zu meistern, welches die Interpretation des dichterischen Werkes von Hermann Broch unvermeidlich stellt, da Broch eine Literatur anstrebt, die die Grenzen des Literarischen stets zu überschreiten und zu überwinden sucht, während er gleichzeitig auch eine neue literarische Sphäre schafft. Die Grenze zwischen dem neuen, bisher noch nicht eingeführt Literarischen und dem traditionell als literarisch Anerkannten mag oft fließend sein.

Für August Esch gelten dieselben konstituierenden, gestalt-poetischen Prinzipien, die in der „ersten" Romantheorie Hermann Brochs,[1] d. h. für die Gattung des polyhistorischen Romans schlüssig waren. Er ist ein Idealtyp einer erkenntnistheoretischen Grundhaltung. So kommt es, daß Broch in mehreren seiner Äußerungen über die „Schlafwandler" auch von Zeit zu Zeit unterschiedliche Momente für die Charakterisierung Esch hervorhebt. Gewiß tragen auch Brochs wechselnde Schwerpunktsetzungen dazu bei, daß die Gestalt August Eschs in der bisherigen Sekundärliteratur ziemlich unterschiedlich beurteilt wird. Die in unseren Augen problematischen Beurteilungen Eschs rühren aber doch von zwei Gründen her. Einerseits werden Brochs eigene Intentionen, bzw. eigene Aussagen über seine Gestalt in dem Sinne wörtlich genommen, als man Einzelheiten im Werke nur dann wahrnimmt, wenn diese Details den Qualifizierungen Hermann Brochs entsprechen. So geschieht es, daß die erotisch-libertinäre Qualität Eschs, seine Flucht in die Sexualität hervorgehoben wird, wobei man gänzlich außer acht zu lassen scheint, daß seine beiden wichtigsten Frauenbeziehungen im zweiten Roman der Trilogie vollständig asexuell, wenn nicht sogar sexualfeindlich sind. Ilona, diese kristallklare Entsprechung der Dulcinea aus Cervantes' Don Quijote, hat in den Augen August Eschs auch dann noch keinen sexuellen Charakter, wenn er ihre triviale und menschlich nicht allzu hochstehende Beziehung mit Balthasar Korn unmißverständlich und auf eine geradezu naturalistisch-eindeutige Weise zur Kenntnis nehmen muß. Nichts Sexuelles, wenn eben nicht eine Art feindliche Einstellung der Sexualität gegenüber, hat aber auch die andere entscheidende Frauengestalt des Romans, Mutter Hentjen. Dieselbe Verfahrensweise wiederholt sich, als eine ebenfalls von Hermann Broch selbst artikulierte Bezeichnung Eschs, als Leitmotiv in der kritischen Bearbeitung: „Anfänglich erlebt er die Unordnung, die er überall zu bemerken scheint, zutiefst und wäre bereit, nach dem Muster der totalitären Bewegung der 20er und 30er Jahre Ordnung zu machen."[2] Unverkennbar erscheint hier die von Broch wiederholt artikulierte Suche Eschs nach „Ordnung". Daß aber diese Suche nach Ordnung weder Eschs Persönlichkeit noch dessen eigentümliche Anarchie ausmacht, entgeht der Aufmerksamkeit dieser Einschätzung. Die andere, wiederkehrende und typisch zu nennende Fehlerquelle der Beurteilung des August Esch ist die Nichtberücksichtigung des erkenntnistheoretisch-idealtypisierenden Charakters der Brochschen Gestaltpoetik. Es wird beispielsweise die Ansicht vertreten, daß „Eschs Erwachen zur Individualität und Bewußtsein (...) durch die Kündigung eingeleitet (wird)",[3] wobei nicht nur nicht berücksichtigt wird, daß er unglaublich schnell wieder eine neue Stellung im Zollamt findet, sondern auch nicht, daß seine Art der Anarchie wenig, praktisch keine Modifizierungen in der Zeit erfährt (gemeint ist vor allem der zweite Roman der Trilogie). Zwar stellt Esch in dem vorhin erwähnten erkenntnistheoretisch-idealtypischen Sinne einen Übergang zwischen Pasenow und Huguenau dar, es bedeutet aber keineswegs, daß er etwa einen psychologisch motivierten „Entwicklungsweg“ zurückgelegt hat.

Hermann Broch schildert mit außerordentlicher Genauigkeit diejenigen Rahmenbedingungen der modernen Wirklichkeit, die die Attitüde des August Esch prägen. Er geht im zweiten Roman zweimal auf dieses System der Bedingungen zurück. In der ersten Situation besucht Esch eine Arbeiterversammlung, in der Martin Geyring, dieser von Esch so geehrte Freund, dieser „Anarchist“,[4] die sich versammelnden Arbeiter beruhigen will. Die Arbeiter beschimpfen Martin deshalb, indem sie ihn „Kapitalistensöldling“ oder „kaiserlicher Sozialist“ nennen.[5] Zuletzt erscheint die Polizei und verhaftet Martin Geyring. Broch resümiert sehr exakt und unmißverständlich: „Esch war fassungslos, eigentlich fassungsloser, als er sich's eingestand. Er wußte bloß, daß er Wein trinken müsse, um Ordnung in die Welt zu bringen…“[6] Und in der Tat, die sich vor ihm abspielende Situation war alles andere als einfach für August Esch. Denn es steht fest, daß 1. „Martin mehr wert als alle anderen war“; 2. Martin, der „Anarchist“, doch nicht ganz identisch mit sich selber war, er wollte die Arbeiter beruhigen; 3. die Arbeiter, für deren Befreiung Martin sein ganzes Leben einsetzte, haben ihn beschimpft, und 4. die Polizei kam und verhaftete ihn. Denkt man diese vier Momente durch, so wird es einsichtig, wie sorgfältig Broch die *konkreten* Rahmenbedingungen von Eschs „Anarchie“ ausarbeitet. Um aber diese Aussage noch weiter zu verstärken, baut Broch noch eine zweite Szene in den Roman ein, die die gleichen Rahmenbedingungen wiederholt thematisiert. Diesmal besucht Esch den Freund Martin im Gefängnis. Esch beginnt mit seinem Diskurs der Ordnung: „…es (ist) schließlich doch gleichgültig, (…) ob einer anständig ist oder nicht; er ist immer nur auf der einen Seite; auf ihn kommt es auch gar nicht an, sondern bloß auf das, was er getan hat.“[7] Nach dieser, für Eschs Denken auch idealtypisch so wichtigen Stellungnahme, in der die „gute“ menschliche Handlung wichtiger als die konkrete politische Parteizugehörigkeit erscheint, wo also Esch einen realen sozialen Spielraum für die Innerlichkeit des modernen Massenmenschen sucht, artikuliert er wieder das, was er vorhin als seine Fassungslosigkeit erleben mußte: „Man weiß ohnehin nicht mehr, was schwarz und was weiß ist. Alles geht durcheinander.“[8] Nach diesem Augenblick faßt Esch seine Ansprüche an den Freund Martin wieder zusammen, Ansprüche, die er an die von ihm als „authentisch“ erlebte, wahre Identität des Freundes richtet: „Sei doch endlich ernsthaft. Für die Zukunft sich aufopfern und Sühne für das, was geschehen ist; ein anständiger Mensch opfert sich, sonst gibt es keine Ordnung.“[9] Die Schärfe dieser Situation wird noch zugespitzt durch die unerwartete Pointe, daß sich jetzt auch der Gefängniswärter einsetzt und Eschs Plädoyer für das Opfer als politische Agitation brandmarkt: Sie dürfen hier keine revolutionären Reden führen. Esch, der vor- und apolitische Anarchist, wird als Revolutionär wahrgenommen, indem er seine Grundidee über die Ordnung der Welt einem wirklichen politischen Gefangenen darlegt.

Vergegenwärtigt man sich die Elemente dieser zweiten Szene, so wird klar, daß dieselben Inhalte und Motive thematisiert wurden, die im Laufe der Rekonstruktion der ersten Szene schon sichtbar geworden sind: Die Anarchie des August Esch ist also – zumindest in den Grundrissen – durchaus konkret und erscheint unter keinen Umständen als Illustration einer geschichtsphilosophischen Doktrin über den Zerfall der Werte. Mit der Herauskehrung dieses dichterischen Ansatzes bei der Darstellung der Grundbestimmungen von Eschs Anarchie wollen wir aber nicht sagen, daß Broch damit die Politik der Sozialdemokratie als den direkten Grund von Eschs Anarchie ansieht. Die beiden Situationen zeigen mit genügender Deutlichkeit, daß dieses Motiv nur eines von jenen ist, die Esch in die Lage versetzen, „fassungslos“ in jedem Sinne des Wortes zu werden.

Mit dieser Konkretheit und Bestimmtheit wird August Eschs eigene und eigentümliche Anarchie deutlich. Während Martin Geyring sein Leben für die Befreiung der Unterdrückten opfert, gleichzeitig aber durch seine konkreten Taten niemanden befreit, schafft es August Esch – der sein Leben nicht für die Befreiung der Unterdrückten opfert, sondern sich sogar in expliziter Form immer nach Ordnung sehnt –, jeden befreien zu wollen, den er im Zustand der Unfreiheit erblicken muß. Diese direkt spiegelverkehrte Situation August Eschs und Martin Geyrings erzeugt mit geradezu genialer Transparenz die Grundrisse von August Eschs Anarchie.

Mit Hilfe einer besonders aufmerksamen und gezielten Analyse des Esch-Martin-Verhältnisses können wir also die wirkliche Problematik des August Esch, seine spezifische „Anarchie“, ganz exakt und deutlich rekonstruieren. Nicht *die* Wirklichkeit wird für Esch chaotisch, sondern *eine* Wirklichkeit, die mit seinen zweifachen tiefen Erwartungen nicht in Harmonie gebracht werden kann.

August Esch ist also ein Mensch, der immer Ordnung haben will. Von dieser Intention ist in der Trilogie auch explizit die Rede; kaum weniger betont sie aber auch der Dichter Hermann Broch in seinen Äußerungen über den Roman. Für Esch wird es zum alltäglichen Erlebnis, daß die von ihm ausgehende Ordnung von keinem mehr akzeptiert, geschweige denn verfolgt wird. Dadurch kommt August Esch jenem Typus in der modernen Massengesellschaft nahe, die von Hannah Arendt erschlossen wird.[10] Auch Esch erlebt seine Realität als eine zerfallende, wenn nicht gar zerfallene. Angesichts dieser neuen Realität hat er nicht die Vision einer neuen Ordnung, seine Gedanken kehren immer wieder in eine im einzelnen nicht detailliert dargestellte alte Ordnung zurück. Dieser Drang nach Ordnung wurde nicht zuletzt auch auf Brochs Suggestion hin zum „epitethon ornans“ des August Esch. Uns scheint aber, daß diese Kategorisierung Eschs, auch wenn sie von Broch selber oft ausgeführt wurde, letztlich einseitig bleibt.

August Esch verfügt nämlich nicht nur über die zweifellos identitätsstiftende Eigenschaft der Ordnungssuche, sondern auch über einen ebenso kompromißlosen Drang zur *Befreiung*. Er sehnt sich also nicht nur nach Ordnung, er will auch jeden befreien, der in seiner Umgebung in Unfreiheit leben muß.

So entsteht vor uns ein idealtypisch entworfener, in erkenntniskritischer Allgemeinheit erfaßter Mensch des zwanzigsten Jahrhunderts, der sich gleichzeitig nach Ordnung und nach Befreiung sehnt. Esch will Ordnung, aber kann nicht mitansehen, daß jemand in seiner Nähe in Sklaverei lebt. Eschs Anarchie besteht aus diesem gleichzeitigen, doppelten Anspruch. Er will Ordnung, aber auch Befreiung, er will Befreiung, aber auch Ordnung. Es werden jedoch auch die Konflikte zwischen diesen beiden Forderungen nicht klar, ebensowenig, daß er sich gerade durch diese beiden gleichzeitigen Forderungen von all seinen Mitmenschen unterscheidet. Eschs eigentliche Anarchie entsteht ebenfalls aus diesen beiden, unzertrennlichen Eigenschaften. Er kämpft für Ordnung, deshalb unterscheidet er sich von Martin Geyring. Er kämpft für Befreiung, deshalb unterscheidet er sich von seiner philisterhaften Umwelt. Für ihn ist selbst eine voll verwirklichte Ordnung ohne Freiheit, aber auch eine volle Freiheit ohne Ordnung unvorstellbar.

Das Festhalten des modernen Massen-Menschen August Esch an seinem zweifachen Anspruch auf Ordnung und Freiheit bereitet den Boden für ein tragisches Leben. Sein Schlafwandeln, sowie seine spezifische Anarchie entstammen dieser Ausgangsposition. Es würde weit führen, aber auch den Rahmen unsere Untersuchung sprengen, wenn wir in diesen beiden Ansprüchen ein allgemeines Modell des philosophisch-politischen Anarchismus erblicken wollten. Dennoch sollten wir darauf hinweisen, daß die Idee der konkreten Befreiung des Anderen im anarchistischen Denken stets mit der Idee der neuen Ordnung untrennbar verwachsen war, und daß hinter den philosophisch-politischen Attentaten der Anarchisten ebenfalls oft die Idee einer „Erlösung" der Welt von einer ungerechten Ordnung steht.

Somit erhebt sich die Frage, warum August Esch die immanente Tragik seiner zwei Ansprüche nicht erkennt und seine grundsätzliche Identität nicht verändert. Das ist eine Frage, bei der wir auch mit einer sehr konkreten Aussage des Dichters Hermann Broch rechnen müssen. Dieser August Esch, der als „Mensch", als „idealtypisiert" Allgemeines auftritt, wählt hier den Weg, der nicht allgemein begangen werden kann, mit anderen Worten, einen Weg, den das Alltagsbewußtsein nicht mehr einschlägt. Brochs dichterische Kunst der Darstellung schafft also einerseits einen Protagonisten, der im nicht nur einfach das idealtypisierte Alltagsbewußtsein einer Epoche vertritt, sondern der in seinem Bewußtsein auch Elemente aufweist, die nur aufgrund der kreativen Rekonstruktionsarbeit des Massenpsychologen Hermann Broch sichtbar werden. Dieser Protagonist wird aber von einem Verhalten charakterisiert, welches für das Alltagsbewußtsein nicht praktikabel ist. Von der Perspektive des Alltagsbewußtseins aus gesehen entsteht auch eine gewaltige Spannung in Eschs Gestalt: Er ist in seinem Denken ein idealtypischer Repräsentant des modernen Alltagsbewußtsein, in seinem Verhalten ist er aber ein anderer.

Denn der Buchhalter Esch kann auf seine beiden gleichzeitigen Ansprüche nicht verzichten. Er würde, nach Hermann Brochs schlafwandlerisch treffsicherer Darstellung, den Verzicht sowohl auf den einen wie auf den anderen Anspruch als eine Preisgabe seiner Identität ansehen. Dadurch wird Esch zu Quijote. Broch selber ist diese Entwicklung seiner Gestalt in einem Maße bewußt, daß er sie auch explizit formuliert. Esch sei demnach ein „hagerer Ritter ... zu Ehren der Rechnung, die in der Welt glatt aufgehen will", er wird, in Brochs Formulierung, zum „Don Quijote" im Kreuzzug gegen eine Welt, die sich den Forderungen des ordnungssetzenden Geistes nicht fügen will.[11] In diesem Kontext wird auch sofort klar, daß die ungarische Varietékünstlerin Ilona die Dulcinea des zum Don Quijote gewordenen Esch wird, ebenso wie die merkwürdige Assoziation, daß sich in der Gestalt Eschs Elemente des Don Quijote mit denen des Sancho Pansa mischen. Diese bewußte Anspielung auf Don Quijote macht die Intention des ganzen Werkes schlagartig sichtbar. Don Quijotes zähes Festhalten an seinen eigenen Idealen ist ein Festhalten an bereits überwundenen Werten, was Broch theoretisch gleich mit mehreren gleichlautenden Attributen zu bezeichnen wüßte (wie Romantik oder einfach Kitsch). Wer würde (oder könnte) nämlich der Ansicht sein, daß Eschs Festhalten an seinen beiden gleichzeitigen Ansprüchen historisch definitiv überholt wäre? August Eschs beharren auf seinen beiden Ansprüchen gewinnt so eine zwar donquijotteske, nichtsdestoweniger aber auch wirkliche Größe.

An dieser Stelle wollen wir nochmals auf Hannah Arendt zurückkommen. Ihre luzide Analyse geht davon aus, daß die bürgerliche Klassengesellschaft vor allem aufgrund der

Ereignisse des ersten Weltkrieges zerbrochen ist. Damit entstand der Mensch der modernen Massengesellschaft, der weder die Fähigkeit noch die reale historische Möglichkeit besitzt, an Stelle der zerfallenen bürgerlichen Klassengesellschaft eine neue Ordnung zu setzen. Gleichzeitig hat er keine nennenswerte neue Vision von der neu zu errichtenden Ordnung, er stellt sie sich auch nach dem Muster der alten vor. Eschs Sehnsucht nach „Ordnung" läßt sich aus diesem Grunde unschwer mit Hannah Arendts Konzeption in Verbindung bringen, auch wenn bei Broch – und das kann nicht hoch genug eingeschätzt werden! – die gleichen Ausgangsbedingungen nicht zu der Bereitschaft führen, sich „totalitären" Lösungen zu öffnen. Es ist ein durchaus wichtiger Zug von Eschs spezifischer Anarchie, daß seine Sehnsucht nach Ordnung bis zum Ende des Romans nicht in diese Richtung führt. Zwischen Esch und der sich dem Totalitarismus öffnenden Anarchie besteht der klar umreißbare Unterschied, daß er dieselbe Idee der „Befreiung" wirklich ernst nimmt, die sich im anderen Fall bald als reine Ideologie entlarvt.

Aus diesem Grundhabitus des August Esch ergeben sich auch zahlreiche weitere Konsequenzen, die zum Teil in die darstellerische und dadurch erst in die künstlerisch-ästhetische Sphäre des Romans hinüberführen. Eschs zähes Festhalten an seinen beiden Ansprüchen führt zu einer merkwürdigen fixierten „Wesensschau." Er lebt in einer anderen Wirklichkeit als die anderen. Sein Festhalten an *seinen Orintationen* führt jedoch auch zu einer eigenen Wahrnehmung. Die Existenz mehrerer Wahrnehmungen erzeugt dann den Tagtraum, das Schlafwandeln, die dann zu den wesenseigenen sprachlichen und künstlerischen Problemen des zweiten Romans der Trilogie weiterführen.

Die Wahrheit dieser Anarchie des August Esch besteht in der prinzipiellen Unabweislichkeit seiner gleichzeitig artikulierten beiden Ansprüche. Wir haben – auf der Basis unserer Zivilisation und Kultur – keine Argumente gegen Esch, auch wenn wir bald einsehen, daß für das Alltagsbewußtsein unseres Jahrhunderts die Verwirklichung dieser Ansprüche so gut wie unmöglich ist. Aber nicht allein in ihrer faktischen Unrealisierbarkeit besteht die Tragik des August Esch. Broch gibt auch eine andere, viel konkretere Dimension dieser Tragik an. Er schildert die neue Dimension von August Eschs Tragik in der Gegenüberstellung mit Eduard Bertrand. Vor allem im sogenannten „Traumkapitel" wird klar, daß Esch Bertrand als den personifizierten Grund, man könnte sagen, als das personifizierte Prinzip einer Wirklichkeit ansieht, gegen die sich seine Anarchie richtet. Um die heiß ersehnte und unter Qualen erwartete „Erlösung" herbeizuführen, muß Bertrand geopfert werden. Andererseits stellt sich aber heraus, daß Esch Bertrand nicht nur sehr hoch schätzt, sondern auch, daß Bertrand der einzige Mensch ist, der Esch in seinem wirklichen Wesen, in seinem Festhalten an den beiden Ansprüchen auf Ordnung und Befreiung, versteht. Esch müßte also den Menschen opfern, der ihn als einziger wirklich versteht. Kein Wunder, daß er Bertrand den Ausweg offenläßt, nach Amerika zu gehen. Über die eigentliche Bedeutung dieser neuen Dimension der Tragik ließen sich mehrere neuere Interpretationsvarianten aufstellen. Es erübrigt sich aber, weil Broch gerade im „Traumkapitel" Eschs bislang ungeteiltes Weltbild transzendiert und damit auch die ganze geistige Problematik neu beleuchtet. Bertrand versteht Esch wie niemand sonst. Er sieht aber die Lösung nicht in der Erlösung, in welcher Eschs beide Ansprüche sich vereinen ließen. Er richtet folgende Worte an Esch: „Keiner sieht den anderen im Dunkeln, Esch, und die fließende Heiligkeit ist nur ein Traum. Du weißt, daß ich dich nicht bei mir behalten kann, so sehr du die Einsamkeit fürchtest. Wir sind ein verlorenes Geschlecht, auch ich kann bloß meinen Geschäften nachgehen."[12]

Die Wahrnehmung ändert sich jetzt. Eschs Tragik (und die der modernen Welt) besteht nicht mehr in den artikulierten beiden Ansprüchen. Sie wird in diesem Gespräch, durch die Perspektive Bertrands auf ein höheres Niveau verlegt. Sie besteht nunmehr in der unauflöslichen Einsamkeit des Menschen, der sich nach neuen Ordnungen sehnt und die Unfreiheit nicht mitansehen kann.

Anmerkungen:

1 Siehe Endre Kiss, *Totalitätskunstwerk und Exil, über Hermann Brochs anthropologische Wendung,* in: „Österreicher im Exil 1934 bis 1945", Wien 1977, S. 334–342

2 Karol Sauerland, *Broch und das mystische Denken,* in: „German Life and Letters", New Volume No. 3, April 1978, S. 247

3 Monika Ritzer, *Hermann Broch und die Kulturkrise im frühen 20. Jahrhundert,* Stuttgart 1988, S. 247

4 Hermann Broch, *Die Schlafwandler. Eine Romantrilogie,* Frankfurt am Main 1978, S. 206

5 Ebd., S. 228

6 Ebd., S. 229

7 Ebd., S. 326

8 Ebd.

9 Ebd., S. 326 f.

10 Siehe Hannah Arendt, *The Origins of Totalisarism,* New York 1951, Band III.

11 *Die Schlafwandler*, S. 414

12 Ebd., S. 338

Hermann Broch: Verzaubertes Vokabular

Wie die Philosophie in die Literatur kam, um gegen Anarchie anzutreten

Andreas Puff-Trojan

Zu seinem letzten, zu Lebzeiten erschienenen Roman „Die Schuldlosen" hielt Broch folgendes fest: Der deutsche Mensch sei in der Zeit des Nationalsozialismus *schuldlos schuldig* geworden, und zwar durch eine allumfassende und überindividuelle Einsamkeit, die das zwischenmenschliche Gespräch und den Aufbau einer Wert-Gemeinschaft erstickt hätte. Die an die Grenze des Vorstellbaren reichenden Greueltaten des NS-Regimes, von Holocaust bis tausendjährigem Anti-Humanismus, von fatalistischer Initiierung des Weltkrieges bis zur völligen Kastrierung der deutschen Sprache, könnten aber nicht am einzelnen strafrechtlich verfolgt werden. Statt des Verbrechens nennt Broch die Schuld als „ethische Kategorie", Schuld, die nicht durch Bestrafung getilgt werden kann, sondern die sich nur durch „Sühne" und „Läuterung" mildern läßt. In diesem Läuterungsprozeß sollte die Literatur eine wichtige Funktion einnehmen, indem sie sich mit den „Grundfragen der Ethik" beschäftigt. Dies allerdings nicht in einem direkten abbildhaften Prozeß; nicht als Moralisten meint Broch den Schriftsteller, sondern als „Sucher" des Ethischen, und der Leser, der dem Autor aufs Wort schaut, begleitet ihn dabei. Es ist also eine *suchende Läuterung* gemeint, deren tatsächliche Sühne sich erst in der Zukunft wird zeigen können. Ihr Symbol ist der Kreis, in dessen Bewegung sich die Suchenden einzuschreiben haben: Sie steigen zum „Ur-Anfang des Menschentums" hinab – ein erster Ort des Ethischen (und Noch-Mythischen zugleich), der nicht zum Bleiben einlädt, weil er zukunftsgewandt bis an den Rand der Gegenwart vorwärtsdrängt, von wo aus sich ein ferner Horizont dem suchenden Blick öffnet.[1]

Ende 1934, „Die Schlafwandler" sind bereits gesamt erschienen, macht sich Hermann Broch an einen neuen Roman, der ebenfalls als erster Teil einer Trilogie gefaßt wird. Da Broch über das Planungsstadium des Komplexes nicht hinauskommt, aber zugleich drei Fassungen des ersten Romans verfaßt, schwanken die Arbeitstitel und die Titel der Teilabdrucke: „Bergroman", „Demeter", „Der Versucher" und schließlich „Die Verzauberung" (für die englische Ausgabe sogar „Demeter or the Bewitchment"). Obwohl „Die Verzauberung" am Land und im Bauernmilieu spielt, hatte Broch keineswegs vor, einen Heimatroman zu schreiben (was wiederum die Literaturkritik veranlaßte, den Text als „Anti-Heimatroman" zu bezeichnen). Vielmehr zielte Broch darauf ab, das „Religiöse, Mythische" (eine Verbindung von Naturphilosophie und Bukolik) mit einer Darstellung der „politischen Bewegung dieser Zeit", also dem aufkommenden Faschismus, zu verbinden. Diese Verbindung wiederum hätte der Leser im Akt des Lesens nachzuerleben. In diesem selbstgewählten Anspruch auf Totalität gefangen, zweifelte Broch sehr bald an der Realisierbarkeit seiner geplanten Trilogie. Schon in den USA im Exil bezeichnete er ärgerlich-ironisch seinen Roman als „Rustikalseminar über philosophische Belange“. Bis er, direkt nach der Beendigung des „Tod des Vergil“, zur zweiten Fassung der „Verzauberung“ brieflich ausruft: „Ich will keine Romane mehr schreiben.“ Ende 1950 erscheinen „Die Schuldlosen“; Broch rafft sich nochmals zu einer dritten Umarbeitung der „Verzauberung“ auf. Er stirbt im Mai 1951.

Aber auch diejenige Kritik, die Brochs Werk äußerst positiv gegenübersteht, hat ihre liebe Not, wenn sie die „Verzauberung“ als „politisch-zeitkritischen wie auch religiös-mythischen Roman“ bezeichnet, was eben nichts, aber vielleicht auch alles bedeuten kann.[2] Und wer bei der Deutung dieses Romans auf die Belesenheit des Autors setzt, dem wird erst klar, in welches Gebiet er sich vorgewagt hat: Mit sehr großer Wahrscheinlichkeit kannte Broch Schriften von Ludwig Klages, Johann Jakob Bachofen, Robert von Ranke-Graves, aber auch Hegels Texte zu Mythos, Ritual und Religion (hier vor allem das Demeter-Mythologem); nicht zu vergessen Angelus Silesius' „Cherubinischer Wandersmann“. Nun, wer sich mit Teilen dieser Werke an den Roman heranmacht, dem gelingt dies anfangs erstaunlich rasch; bis in einem zweiten Schritt sich eine Vielzahl von Deutungen eröffnet, welche die reale Kapazität der Erklärung völlig übersteigt; im dritten Schritt ist man bereits bei einer Art „Gleichklang“ von Wörtern und Begriffen angelangt, der selbst die Unterscheidung von Fremd- und Romantext aufzuheben droht. Das Vokabular hat sich verzaubert, allumfassende, totale Verzauberung, aus der es kein Entrinnen zu geben scheint. Außer einem: man schlägt das Buch zu…

„Ich habe das Erkennen verlassen, um ein Wissen zu suchen, das stärker sein soll als die Erkenntnis.“ Auf der Spur jenes „anderen Wissens“ ist die Suche ein Zweischritt: das „Unvergeßliche im Vergessen“, das „Unsichtbare im Sichtbaren“. Und wer dies sagt, ist der Erzähler der Geschichte, der Dorfarzt, wenn man so will, der einzige Intellektuelle in der „Verzauberung“. Gleich zu Beginn vergleicht er die Menschheit mit einem gängigen Symbol: einem Schiff. Allerdings ist es kaum noch Schiff, denn „wir kennen nicht die Fracht, wir kennen nicht den Hafen, unergründlich ist das Gewässer, das wir befahren haben, unergründlich der Himmel, der sich darüber wölbt, unergründlich ist unser eigenes Wissen, das wachsend uns entschwindet“ (VZ, S. 11). Während so dem Leser das Symbol sprachlich unter den Händen zerinnt, wird er über die Motive des Arztes aufgeklärt: Angeekelt von wissenschaftlicher Praxis und Weltauffassung habe er die Stadt und sein Spital verlassen, um sich hier, im Kuppron-Dorf mit gleichnamigem Berg, als Landarzt niederzulassen. Bukolisch verzückt und stifterisch schön beschreibt er uns die umliegende Landschaft. Aber die Idylle täuscht: Eines Tages kommt ein Fremder ins Dorf, dem anfangs die Bauern sehr reserviert gegenüberstehen. Doch der Fremde, der als „Wanderer“, als einer „aus dem Unendlichen kommend, ins Unendliche gehend“ (VZ, S. 71) bezeichnet wird, gewinnt langsam an Terrain. Seine Absichten und Vorstellungen sind keineswegs klar, dennoch beginnen sie zu wirken: Er möchte das geschlossene Bergwerk wieder öffnen, weil er darin Gold vermutet – Gold, nicht nur materielles Gut, sondern auch Symbol des Werts und des Glücks (bis hin zum „Goldenen Zeitalter“). Er haßt alles Städtische, die Maschine und alles Maschinelle – der Haß des Fremden auf das Fremdartige, größer Strukturierte und organisatorisch Unüberschaubare, welches die dörfliche Ordnung von fern her bedroht. Gemeinsam mit seinem Kumpanen Wenzel organisiert er eine Art „Bauernmiliz“, die sich im Marschieren übt und die einen einzigen Bewohner des Dorfes mehrfach attackiert – Wetchy, der keinem bäuerlichen Beruf nachgeht und als Versicherungs- und Maschinenvertreter sein Geld verdient, wird von Broch unschwer erkennbar als Jude typisiert.

Als für den Arzt der Machtgewinn des Fremden sichtbar wird, fragt er sich zu Recht, ob die Bauern verrückt geworden seien, denen er durch die verbürgte „Ordnung der Väter" ein bodenständiges und sicheres Wissen zuschreiben möchte: „Nach welchen Ordnungen begann sich hier die Welt zu gliedern? sollte es eine neue Ordnung werden? oder wollte das Anarchische hereinbrechen, das Lockende und Verlockende, das eintritt, wenn die Ordnung sich selber zum Ekel wird? Wonne des Zerfalls." (VZ, S. 81) Jener Fremde, der im Namen einer symbolischen und agitatorischen Sicherheit so viel Unsicherheit, aber auch Bewegung ins Dorf bringt, heißt im Roman: Marius Ratti. Ein Name, den Broch in bewußter Anspielung auf Achille Ratti gewählt hat, jener Papst Pius XI., der 1933 mit Hitler das Konkordat geschlossen hatte und den Broch in Gesprächen auch als „Lumpenpapst" bezeichnete.

Man erkennt hier ein Gestaltungsprinzip Hermann Brochs, das wohl für all seine Romane gilt: Seine Figuren werden nicht durch ein ganz bestimmtes Charakteristikum eindeutig bestimmt, sondern sie sind mehrdeutig gekennzeichnet, oft durch wirklich oppositionelle Merkmale. Rattis Vokabular ist einesteils mythisch-religiös und faschistoid belegt, aber zeitweise auch argumentativ-rational. In dieser Balance der Beschreibung, die mit und zwischen den Begriffspaaren „sichtbar/unsichtbar", „rational/irrational" agiert, scheint sich ein größerer Raum für die Darstellung von realen, aber nicht immer erkennbaren Sachverhalten aufzutun. Andererseits: Verlangt nicht jene Balance nach einem Rahmen, nach einer Totalität, welche die Bewegung der Oppositionen ermöglichte, in der aber die Realität, der reale Sachverhalt immer als Zweifaches, als doppeltes Bild erscheinen muß? Allgemein gesagt: Der Roman kreiert Sachlagen, die sich – einmal mehr, einmal weniger – dem realen Geschehen annähern; der Roman ist eine fiktionale Größe mit „möglichen Sachverhalten", die sich der Leser in der Wirklichkeit als tatsächlich vorhanden vorstellen kann. Dies gilt sogar für die phantastische Erzählung, die Michel Butor einmal als einen „Briefumschlag" für den realistischen Roman bezeichnet hat. Nun gibt es auch Erzählformen wie Sagen, Epen oder Mythen, deren Fiktionalität auf ein Ideal (auf einen *ideellen Kern)* rekurriert, welches einen bestimmten Realitätsausschnitt, die Sachverhalte einer bestimmten Epoche oder Kultur, überschreitet, und zwar überzeitlich. Das heißt, dieses Ideal (dieser *ideelle Kern)* wirkt auf jede Epoche ein, obwohl es in den bestimmten Sachverhalten nicht sichtbar wird. Die Frage lautet also: Was passiert, wenn ein Autor im Roman Sachlagen konstruiert, die sich der Realität annähern, und zugleich epische, mythische Elemente einfließen läßt, die, wenn man so will, von der anderen Seite her das Reale, das Wirkliche im fiktionalen Geschehen überschreiten?

Nochmals anders gesagt: Zumindest in philosophischen Wörterbüchern wird der Unterschied zwischen den Begriffen „Anarchie" und „Anarchismus" festgehalten. „Anarchie", direkt aus dem Griechischen übersetzt, meint einfach Herrschaftslosigkeit, die Zeit, in der es keinen árchon, keinen Herrscher gab, folglich auch keine Rechtsbasis. Dieser Naturzustand des Menschen ist ein rein negatives Ideal, denn dort, wo von Gemeinschaft gesprochen wird, und seien dies Kleingruppen aus grauer Urzeit, müssen Strukturen von Herrschaft, von Verbot und Gebot angenommen werden. Thomas Hobbes' „bellum omnium contra omnes", der Krieg aller gegen alle, ist so gesehen ein negatives Ideal-Bild, das nicht auf einen nahen oder fernen Zustand in der Realität verweist, sondern das eine Vorstellung erweckt, die grundsätzliche und tiefgreifende Ängste erzeugt, gleichsam als sollte das Bild den Leser verzaubern, ja behexen. Der „Anarchismus“ hingegen ist, etwas salopp gesagt, gegen bestehende staatliche und gesellschaftliche Autoritäten gerichtet, um nach deren Zerstörung neue etablieren zu müssen. Der „Anarchismus“ als Gesellschaftslehre oder als individuelle Tat ist, selbst innerhalb eines fiktionalen Textes dargestellt, real vorstellbar.

Die Frage lautet hier: Was passiert, wenn ein Autor innerhalb der Fiktionalität seines Romans das Anarchische und das Anarchistische gleichmäßig einfließen lassen will, so als ob es im Text eine Totalität gäbe, in der eine Sachlage von zwei Seiten her aufleuchtet, während sie in der Realität als ein und derselbe Sachverhalt aufscheint? Auf die „Verzauberung“ bezogen heißt das: Wer oder was erzeugt wen oder was, jene „Wonne des Zerfalls“ die kommende Ordnung, oder ist das Ahnen der neuen Ordnung schon die Wonne selbst? Wer hat hier wen verzaubert?

Hermann Broch hatte für seinen Roman das ländliche Milieu gewählt, nicht weil er im Ruralen den Ursprung alles Blut- und Bodenständigen, alles Faschistoiden vermutete. Es schien ihm vielmehr, daß sich gewisse mythologische und naturphilosophische Elemente in diesem Milieu besser verankern ließen. Zum anderen wählte Broch für seine „Verzauberung“ eine ungewöhnliche Arbeitsweise, eine fast naturwissenschaftliche. Denn der Rückzug aufs Land bot eine Reduktion der Handlungsebenen: Das Personal, die Dorfbewohner, blieb zahlenmäßig klein, die Landschaft war nur dem Spiel der Jahreszeiten unterworfen, ein permanenter Wechsel von Perspektiven, wie im großstädtischen Bereich, konnte nicht eintreten. So bildete sich Broch eine Art Modell, eine Modellsituation, in welcher der „Wissenschaftler Broch“ eine bestehende Ordnung (plus tradiertem religiös-mythologischen Wertsystem) nur mit einem einzigen neuen Element konfrontierte: mit dem Fremden in der Person des Marius Ratti. Dieser trägt das Anarchische in sich, was sich wiederum als „faschistische Krankheit“ entlädt, mit der er den Großteil der Dorfbewohner anstecken wird. Die Resultate dieses Experiments, die sowohl die Taten und Aktionen betreffen wie auch die sprachlichen Ebenen, hat der Schriftsteller als „Wissenschaftler“ aufzuzeichnen. Broch überträgt diese Aufgabe dem Erzähler im Roman, dem Mediziner, dem Dorfarzt. Die rechtlich-organisatorische Struktur des Kuppron-Dorfes, Gemeinderat und Bürgermeister, wird durch eine bestimmte Person mythisch-symbolisch überhöht, sie soll eine Art Korrektiv für das moralische Handeln der Dorfbewohner abgeben. Es ist Mutter Gisson, die ein „anderes Wissen“ verbürgt und so für die Gemeinde bürgt. Auf eine matriarchalische Basis gestellt, gibt sie vor, die Geheimnisse, welche die Natur, aber auch die menschliche Seele in sich birgt, zu kennen. Ihre Kenntnisse werden auch als „Herz-Wissen“ bezeichnet, das über Anfang und Ende der menschlichen Existenz hinausreicht. Und „wer um das Herz weiß, der weiß um das Ur-Alte und um das Ur-Neue, kein Zauberer ist er mehr, sondern ein Erkenner, ein Seher.“(VZ, S. 173) Es ist ein leichtes, aus dem Namen „Gisson“ das Anagramm „Gnosis“ zu zaubern: der Gnostiker, der Seher, der hier im Roman den Heilsplan Gottes pantheistisch erschaut. Spricht Mutter Gisson zur Gemeinde, so tut sie es ausschließlich in Symbolen. Symbole allerdings, die immer über dem tatsächlichen Geschehen im Dorf schweben, die sich zwar auf diese Situation beziehen können, aber ebenso auf jede beliebige Situation menschlicher Gemeinschaft. Die Sprache Gissons verweigert sich nicht den Zuhörern als „Unaussprechbares“, sondern sie verweigert den Diskurs, das Gespräch, das hinsichtlich moralischer, ethischer Handlungsanweisungen Klärung verspräche. Mutter Gissons „Wahrheit des Herzens" leugnet beharrlich den einen Teil von Blaise Pascals Theorie der „raison du cœur", den „esprit de géometrie", die rationale Komponente im menschlichen Denken, im menschlichen Sein. Ihre „Wahrheit des Herzens" ist in Wahrheit reines Symbol, das nur erahnt, erfühlt werden kann, außerhalb dieser Symbolik ist nichts zu sehen und nichts zu sagen: „Für den, der es nicht erlebt hat, sind auch das leere Worte, und deshalb dürfte ich es auch gar nicht sagen." (VZ, S. 308). Man könnte auch sagen, ein Hohepriester spricht nur mit Hohepriestern.

Mutter Gisson verbirgt ihr mythisches Wissen nicht nur vor der Gemeinde, sondern auch vor ihrem eigentlichen Kontrahenten, Marius Ratti. Denn ganz zu Anfang des Romans möchte Ratti in die Dienste Gissons treten, um, nun nahe dem matriarchalischen Boden, an der mythischen Schau teilhaben zu können, was Gisson strikt ablehnt. Sie nennt Ratti zu Recht denjenigen, der die Menschen „verzaubert", sie „behext", aber sie erkennt nicht die Konsequenz, die aus ihrer Ablehnung folgt: Auch Ratti ist ein „Sucher" des Mythischen, der in der Verweigerung, zu eben diesem Wissen zu gelangen, zum „Versucher" an der Gemeinde wird, die er mit faschistoiden Mythologemen in die anarchische Tat treiben wird. Und die Dorfbewohner selbst wissen sehr wohl, wo sie sich befinden: Abgetrennt von jeglicher religiösen und ethischen Verbindlichkeit, abgetrennt vom pantheistischen Geheimwissen Mutter Gissons leben sie in der „Hölle der Enterbten". Rattis Agitations-Symbole wie Blut-Tod oder Opferung-Erlösung sind an sich ebenso leer und sagen nichts aus, aber dahinter verbirgt sich die Verheißung der Tat, Taten, die folgen werden und die ihn zum „irdischen Bruder" der Enterbten machen. Die Taten: Irmgard, die Enkeltochter Mutter Gissons, die eigentlich nach deren Tod das Herz-Wissen übernehmen sollte, verfällt Ratti und endet als sichtbares Opfer: Sie wird bei einer heidnisch-christianisierten Bergweihe erstochen; ihr Mörder, der Wirt und Schlächtermeister des Dorfes, begeht Selbstmord. Bei der Goldsuche im längst geschlossenen Bergwerk bricht ein alter Stollen ein, Menschen werden verschüttet und kommen um. Wetchy wird beinahe massakriert und flüchtet in die Stadt zurück. Mutter Gisson stirbt eines natürlichen Todes. Die Ergebnisse, wenn man Brochs Roman als Experiment betrachtet, sind erstaunlich und zugleich erschütternd: Die verwendeten Symbolsprachen sind beliebig. Nicht, daß jede Figur genau dieselben Symbole für ihre Ansichten und Argumente gebraucht, aber als eine geschlossene Menge von Symbolen, als Totalität betrachtet, können die Einzelelemente von jedem Sprecher für seine Zwecke verwendet werden. Ohne daß allein durch die gewählte Sprache ersichtlich wäre, welche moralische oder ethische Konsequenz sie nach sich zöge. Genauer gesagt sind die matriarchalisch-pantheistischen Symbole von Mutter Gissons „Herz-Wissen" und Rattis anarchisch-pseudomythologische und zugleich faschistoide Symbole im Akt des Sprechens voneinander nicht unterscheidbar, sondern erst später,im Moment der Tat, im Moment der Aktion. Am schlimmsten trifft dieser Befund den Erzähler selbst, als man erfährt, warum er eigentlich seine Stadtexistenz aufgegeben hat. Einst hatte er im Spital eine seiner Kolleginnen kennen und lieben gelernt. Sie erwartet ein Kind von ihm, man möchte heiraten. Der Arzt, der sich selbst als völlig apolitisch bezeichnet, merkt aber nicht, daß seine zukünftige Frau eine Doppelexistenz führt. Sie ist nicht nur wie er Mediziner, sondern gehört auch einer anarchistischen, linksradikalen Gruppe an, die ein Attentat auf ein Regierungsmitglied plant. Die Aktion wird verraten, Selbstmord scheint die einzige Lösung zu sein, so nimmt sie Gift, tötet sich und das gemeinsame Kind. Der Erzähler flieht aus der Stadt und aufs Land, er erreicht seinen Fluchtort und wird eben dort durch das Erscheinen Rattis vom Anarchischen eingeholt. Aber weder das persönliche Schreckenserlebnis noch sein ärztliches Ethos verhelfen ihm zu einer Erkenntnis, im Gegenteil, auch er verfällt öfters der Symbolik Rattis. Er, der Erzähler, der so gerne das „Herz-Wissen" Gissons in sich aufgenommen hätte, kann dem Anarchischen nichts entgegenhalten, obwohl das Anarchistische sein privates Glück bereits zerstört hatte. Verzaubert durch Worte und Taten, erzählt er von Menschen, die sich durch Worte und Taten verzaubern ließen.

„Die Zivilisation einer Epoche ist sein in die Tat umgesetzter Mythos." Was Broch mit diesem zentralen Satz aus dem Essay „Mythos und Altersstil" sagen will, ist klar, aber nicht jedermann einsichtig: Jede Epoche, auch die unsre, arbeitet auf der Sprach- und Vorstellungsebene mit Mythologemen, die wahrscheinlich zum Großteil tradiert sind. Es können aber auch bedeutsame Begriffe für eine bestimmte Epoche so starken Symbolwert erhalten, daß sie wie Mythologeme funktionieren. Wenn demnach des Menschen Zivilisation sein „in die Tat umgesetzter Mythos" ist, so kommt sowohl der Tat wie auch dem Mythos wertstiftende und stabilisierende Funktion zu. Daß dies aber nicht immer so sein muß, zeigt das Vorhandensein von Suchenden und Versuchern in der Geschichte. Das Symbol, als ein Systemganzes gedacht, ist für Broch durch zwei Komponenten gekennzeichnet: einmal die inhaltliche Seite, das heißt, daß es zwischen den Symbolen Verwandtschaft und Beeinflußung in der Bedeutung gibt, ihre „gegenseitig inhaltliche Formung"; zum anderen erhält das Symbol erst durch die syntaktischen Regeln einer Sprache seinen tatsächlichen „Gebrauchswert", dies ist der „geformte Inhalt" eines Symbols. Die Grundstruktur eines jeden Symbols besteht also aus einem Archetypus (inhaltliche Formung) oder „Ur-Mythos" und aus dem Logos als formal-syntaktischen Operator (geformter Inhalt). In dieser Struktur, in der Einheit von Mythos und Logos, zeigt sich für Broch, wie er zu seinen „Schuldlosen" anmerkte, die „physische, psychische und logische Totalität des Menschen".[3] Eines zeigt sich aber in dieser Einheit von Mythos und Logos nicht: die Wertrichtung eines Symbols innerhalb einer Epoche.

Hermann Broch hat den Wertzerfall in der abendländischen Kultur mehrfach beschrieben und zutiefst bedauert. Vor allem den Verlust von Zentralwerten, das sind solche, die den Wertgehalt einer geschlossenen Symbolmenge strukturieren, die sozusagen die Richtung vorgeben, in die der Wert eines Symbols zu gehen hat. Ein bestimmter Wertwandel kann natürlich stattfinden, aber nur innerhalb des Systems, welches der Zentralwert als Letzt- oder Erstbegründungsinstanz vorgegeben hat. Das heißt natürlich, daß die Zentralwerte keinem Wandel unterzogen sind. Broch hat nie verschwiegen, daß für ihn die katholische Religion, das christliche Abendland – und hier speziell das mittelalterliche Weltbild – diese Funktion einnahmen. Eingenommen hatten, denn auch Broch war natürlich klar, daß diese Position eine verlorene war. Daß aber durch gewisse humanistische und aufklärerische Denkansätze der Zentralwert und das Funktionieren des Wertsystems in eine einzige Person gesetzt wurden, nämlich in den Menschen selbst, mußte bei Broch schiere Panik auslösen.

Wird der Mensch zu seinem eigenen Zentralwert, Erst- und Letztbegründung seiner selbst, so ist er doch immer auch in das konkrete Kampffeld von Wertvorstellungen innerhalb seiner eigenen Epoche eingegliedert. Für Broch wird hier der Mensch symbolisch zum eigenen negativen Mythologem, weil er nicht wissen kann, welche Werte, und seien sie die allgemein wünschenswertesten, ihn in der folgenden Epoche repräsentieren. Ja selbst in seiner eigenen Lebenszeit liegen die Wertvorstellungen und ihre Symbole so miteinander im Streit, daß man schwerlich sagen könnte, der Zentralwert „Mensch" wirke regulativ und strukturierend auf die Werthierarchie ein. Für Hermann Broch war damit das Spiel der Werte eröffnet, der Zentralwert besagt nichts anderes als die Relativität und Unabgeschlossenheit jedes Wertsystems. Die Richtung, die der Inhalt von Wertvorstellungen nehmen soll, liegt außerhalb von Anfangs- und Endbegründungen. Ihr geometrisches Symbol wäre die unendliche Linie, die sich im Raum krümmt und dennoch nicht zu sich zurückkehrt. Der einzige Aufweis eines zentralen Werts läge noch darin, zu sagen, daß der Mensch eben wertet, eine Art Ur-Bedürfnis des Menschen. Dieses tatsächliche Bedürfnis des Menschen, Werte und Werthaltungen im symbolischen Sprechen zum Ausdruck zu bringen, führt uns aber nur zu Brochs Totalität von Mythos und Logos, von „inhaltlicher Formung" und „geformten Inhalt" im Symbol zurück. Doch die Richtung bleibt ungewiß: Wir kennen nicht den Stellenwert eines Symbols in der Zukunft, welches heute kreiert wird, wir können nicht angeben, welchen Stellenwert ein tradiertes Mythologem in einer früheren Epoche wirklich eingenommen hat.

Eines ist bei alldem klar: Wenn die höchsten Werte und Gesetze direkt aus der Anwesenheit des Göttlichen folgen, so kann auch klar und definitiv geurteilt werden. Etwa ist eine Hochkultur, die Menschenopfer in ihrem Ritus vorsieht, im christlichen Sinn eben keine Hochkultur, oder, um den Erlösungsgedanken ins Spiel zu bringen, sie ist es noch nicht. Hierin denken wir heute natürlich freier und sagen, daß wir zwar Menschenopfer nicht billigen, aber daß es in jener alten Kultur einen Wert eingenommen haben muß, den wir nicht mehr kennen. Nichtsdestotrotz handelt es sich um eine Hochkultur. Aber in dieser aufgeklärten Haltung des Logos verbirgt sich ein mythischer Alptraum. Nämlich, daß hinter dem Zentralwert „Mensch" sich ein anderer verbergen könnte, der durchaus in der Lage ist, Werte gegen alles zu formen, was bisher als menschlich gegolten hat. Das Symbol des Menschen also, der das Menschliche als Unwert postuliert und diese „Erkenntnis" als Wert in die Welt setzt.

Die von Broch festgehaltene Totalität von Mythos und Logos im symbolischen Sprechen und das Unwissen um die Wertrichtungen von Symbolen machen die Tragik des Erzählers, des Landarztes, in der „Verzauberung" offensichtlich: Er erkennt im Anarchischen, das auf ihn und auf das Dorf zukommt, nicht die anarchistische Tat seiner Geliebten, die eine gemeinsame Zukunft zerstört hat. In beiden Ereignissen findet er keinerlei Parallele, beide sind für ihn punktuell. Daß beide aus derselben Richtung kommen und sogar auf derselben Linie liegen, wäre für ihn kaum vorstellbar.

In diesem Sinn sind wir alle öfters Dorfärzte. Denn zweierlei ist schwer ersichtlich: Erstens, daß zwei Sachlagen, die sich auf völlig konträren Agitations- und Sprachebenen befinden (hier: der politisch motivierte Anarchismus der Ärztin und die anarchische Verzauberung durch Ratti), dieselbe Richtung hinsichtlich des symbolischen Werts einschlagen können. Zweitens, daß mythologisch orientierte Sprechweisen, die ähnliche oder auch idente Symbole verwenden, völlig verschiedene Wertvorstellungen repräsentieren können (hier: Mutter Gisson versus Ratti). Dieses Verhältnis läßt sich aber dennoch bis zu einem gewissen Grad entwirren, es bleibt nicht völlig verzaubert. Denn die Totalität von

Mythos und Logos im Symbol an sich, in die auch Brochsche Begriffspaare wie „rational/irrational", „sichtbar/unsichtbar" eingespannt sind, ist ein rein tautologisches Verhältnis. Es besagt nichts hinsichtlich einer möglichen Sachlage. Um Ludwig Wittgensteins schönen Beispielsatz zu zitieren: „Ich weiß z. B. nichts über das Wetter, wenn ich weiß, daß es regnet oder nicht regnet." In Abwandlung dieses Satzes: Ich weiß nichts über das „Herz-Wissen", wenn ich weiß, daß man es erleben oder nicht erleben kann. Oder: Ich weiß nichts über die Anarchie, wenn ich weiß, daß sie auftritt oder nicht auftritt. Wäre also das Symbol tatsächlich in dieser Totalität gefangen, so könnte es nichts wert sein. Andererseits ist auch Broch völlig klar, daß ein Symbol immer in einer bestimmten „Lebenskonstellation" steht. Das heißt, das Vorhandensein von Symbolen bezieht sich immer auf Sachverhalte in einer bestimmten Epoche. Allerdings so, wie schon gezeigt wurde, daß wir nicht eindeutig angeben können, in welche Richtung sich die Werte der jeweiligen Symbole entwickeln. Dies ist der Augenblick, wo für Broch die Philosophie in die Literatur kommt.

Dieses Moment ist bei Broch erst einmal negativ bestimmt: Jede elaborierte und daher tradierbare Weltanschauung fußt auf dem Begriffspaar Theologie/Ontologie. Übergeordnete, aber zugleich vermittelnde Funktion kommt der Metaphysik zu, indem sie Broch als „kosmogonisches Organon" bestimmt. Das bedeutet, Metaphysik reflektiert immer auch die Bedingungen von Welt, das Entstehen von Weltvorstellung und -anschauung mit. Sie behauptet für sich einen Anspruch auf Totalität und grenzt daher, auch wenn sie die Bedingungen von Welt-Haben rational erklären will, an den Mythos an, an die symbolische Vorstellung von Welt. Durch die positivistisch-naturwissenschaftliche Weltanschauung wird für Broch der Anspruch auf Totalität aufgegeben, auch in der Philosophie (etwa bei den Neopositivisten des Wiener Kreises, obwohl gerade deren Blick auf eine „Wissenschaftliche Weltauffassung" gerichtet war). Durch die Hypothesenbildungen in der modernen Physik oder Mathematik (ihr Symbolcharakter) müßte man heute wohl eher von einer „Totalitätsexplosion" sprechen, hinsichtlich der Erfassung von Strukturen von Welt und Kosmos.

Eines ist aber mit Sicherheit eingetreten: Die Welt hinsichtlich ihres Symbolwertes erhält keinerlei Zuordnung, die ethische Beurteilung von Welt und Welt-Haben fehlt. Da diese Funktion die Philosophie nicht mehr übernimmt, fällt der Bereich des Wertens in die Kunst, für Broch speziell in die Literatur. Der negative Grenzpunkt, wo die Philosophie in die Literatur kommt, um Welt zu werten, ist bei Broch mit dem Namen Ludwig Wittgenstein verbunden. Wittgenstein leugnete nicht die Bedeutung der Ethik und der Ästhetik, sondern daß ihre Wertungen außerhalb seines philosophischen, logisch definierten Raums lägen. Will man sozusagen hinter das sprachliche Bild, hinter das Symbol sehen, so erkennt man die ihm koordinierte Tatsache nicht. Und vielleicht ist es gerade deswegen Wittgenstein gewesen, der das Bild der „Explosion" geprägt hat, die dem wirklichen Buch über Ethik folgen müßte. Die Konsequenz, daß nämlich die Wertung von Welt in den Bereich der Kunst, der Dichtung fällt, wird Jahre später nochmals von einer österreichischen Schriftstellerin verdeutlicht werden, wiederum im Rekurs auf Wittgenstein: Es ist Ingeborg Bachmann. Wie dem auch sei, diese Selbstüberschätzung der Literatur war sicherlich nicht freiwillig gewählt. Heute zeigt sich aber doch ein ganz anderes Bild. Die philosophische Beschäftigung mit Problemen der Ethik oder dem Transzendenten hat in den Jahrzehnten nach dem II. Weltkrieg wieder zugenommen, wobei es tatsächlich zu gegenseitiger Einflußnahme zwischen Philosophie und Kunst gekommen ist. Und ich meine damit weniger den Spezialfall der Kunstphilosophie. Dieser Aspekt, den ich meine, betrifft natürlich das symbolische Sprechen selbst, aber auch die Art und Weise, wie zwischen Konstruktion von Wertvorstellungen und Wirklichkeit vermittelt wird. Man könnte sagen, in beiden Fällen werden Modelle gebildet, die Wertvorstellungen an die Realität anlegen, obwohl beide nicht definitiv auf einen Zentralwert rekurrieren können, auf das göttliche Sein. Sind für Broch Wissenschaft, Kunst und Philosophie „Zweige eines einzigen Stammes", so meint er damit die „Erkenntnis schlechthin". Dann sind aber Kunst und Philosophie Zweige, die an einigen Enden zusammengewachsen sind. Denn es geht ihnen um das Erkennen des menschlichen Wertens, der Ethik schlechthin. Die Modelle, die beide dabei entwickeln, gehen im Grundsätzlichen zwei verschiedene Wege: Die Philosophie versucht meist, ethisches Handeln als allgemeinen Faktor im menschlichen Bewußtsein aufzuzeigen, sie meint also eine Totalität, die in jedem einzelnen Individuum anzutreffen ist. Die Literatur stellt meist den Handlungsspielraum für eine Person oder für eine begrenzte Personenkonstellation dar, in dem es zu Konflikten kommt, die ethisch (und nicht ästhetisch!) gelöst werden oder aber an deren Lösung der einzelne scheitert. Das ethische Moment in der Konfrontation mit Problemen bleibt niemals auf den erfundenen, fiktionalen Personenkreis beschränkt. Im Gegenteil, es zeigt immer auf die Realität hinaus, wo ähnliche Konflikte auftreten können, wie jeder Leser auch schmerzhaft weiß. Und noch mehr: Viele literarische Texte spielen zu einer anderen Zeit, in einer anderen Epoche als in der des Autors und seines Publikums. Trotzdem werden die darin auftretenden Probleme und ihre ethische Dimension verstanden, so als ob es gleichsam „ethische Konstanten" in der menschlichen Gemeinschaft gäbe. In beiden Fällen also, in der Philosophie wie in der Literatur, wird zugleich auf Totalität und auf das einzelne Individuum verwiesen, gleichsam in unterschiedlicher Bewegung. Obwohl weder der Philosoph noch der Schriftsteller exakt angeben kann, welchen Wert, welche ethische Relevanz ein bestimmtes Symbol für den einzelnen und die Gemeinschaft gehabt haben mag oder einmal haben wird.

Zwei Formulierungen von Kants kategorischem Imperativ: „Handle so, daß du die Menschheit, sowohl in deiner Person, als in der Person eines jeden andern, jederzeit zugleich als Zweck, niemals bloß als Mittel brauchest." Und: „Handle so, als ob die Maxime deiner Handlung durch deinen Willen zum allgemeinen Naturgesetze werden sollte." Die Bewegung von Totalität (Menschheit, Naturgesetz) zur Existenz (Person, Maxime deiner Handlung) ist hier offensichtlich, aber auch anderes. Nämlich die im Konjunktiv gebrauchten Schlußverben: brauchest und sollte. Sie verweisen auf den Modellcharakter der Aussagen, die als Maßstab an die Wirklichkeit angelegt werden sollen, aber nicht müssen. Die ethische Relevanz des kategorischen Imperativs soll nicht erzwungen, sondern vom Individuum eingesehen werden, und zwar innerhalb eines Rahmens von Totalität (Menschheit, Naturgesetz). Ist also das Symbol auch in der von Broch formulierten Totalität von Mythos und Logos eingeschlossen und läßt sich seine Wertrichtung nicht eindeutig bestimmen, so läßt sich doch auf dem Niveau der Ethik sagen, welche Richtung es nehmen soll. Selbst wenn der Verlust eines absoluten Zentralwertes offensichtlich ist. Es ist aber klar, je mehr man Symbole, denen zentrale Bedeutung im System zukommt, wertmäßig einschränkt, sozusagen bloß auf gegenwärtige Situationen bezieht, um so geringer wird der in die Zukunft gerichtete Entwurf eines Modells ausfallen. Läßt man andererseits die Totalität eines Symbols oder einer Symbolmenge gelten, so muß man zumindest theoretisch damit rechnen, daß jemand diesem Symbol eine Wertrichtung geben könnte, die es niemals hätte einschlagen sollen.

Broch hat nie daraus ein Hehl gemacht, wohin er Napoleon, Stalin und Hitler in einem „Himmel/Hölle-Spiel" wünschen würde. Sicherlich ist jedem klar, der je die Prachtschlösser an der Loire und die Königsresidenzen um Paris gesehen hat, warum es gerade in diesem Land revolutionär krachen mußte. Brochs Angst vor Anarchie und Revolution beruht aber darauf, daß es in der Zeit der Aktion zu einer Umwertung aller oder zumindest sehr vieler Werte kommen kann. Wobei der Großteil aller Symbole bestehen bleibt, nämlich als Worte; es sind die alten, doch haben sie ihre Wertrichtung gewechselt. In dieser Zeit der Aktionen gegen die bestehende Machtstruktur kommt es auch zu einem Kampf der Wertrichtungen, der noch nicht entschieden ist. Dieser Moment könnte als *Hauptsaison für Verzauberungen* bezeichnet werden. Folgt man Broch weiter, so ist dies, vereinfacht gesagt, die Stunde des Diktators. An diesem ethischen Nullpunkt kann er als „Heilsbringer" angesehen werden: „sein konkretes Leben wird zur diktatorischen Autorität aller Wertbestimmungen gemacht." Er ist sich und den anderen zum Symbol geworden und fordert mit allen, die ihm folgen, eine mythische Tat ein: „die Unterwerfung des Erdkreises". Selbst die Dichter und Denker, die ethische Modelle an die Wirklichkeit anlegen wollen, unterwerfen sich dem Symbol, schweigen oder tragen die Tat mit.[4] Denn hinter dem modernen Diktator taucht das alte Bild des Gottkönigtums auf. Scheinbar unverwundbar gleicht er als Wert heroischen Göttern und ist dennoch dem göttlichen Zentralwert am unähnlichsten: Der Diktator kennt die Gnade der Vergebung nicht. Wenn am Anfang dieses Essays Broch mit einer Bemerkung über seine „Schuldlosen" zitiert wurde, so deswegen, um den Gedanken der Schuld als „ethische Kategorie", verbunden mit den Begriffen „Sühne" und „Läuterung", ins Spiel zu bringen. Und zwar als Symbol in seiner Totalität. Eines darf dabei nicht mißverstanden werden: Mag der Begriff „Holocaust" zu einem Symbol unvorstellbarer Schrecklichkeit geworden sein, so stehen davor noch immer Millionen von Toten. Dies ist eine Tatsache. Ein Faktum, das die Ethik zur Kenntnis nehmen muß, als das Unvorstellbare: nämlich, daß innerhalb einer Gesellschaft mit Verbots- und Gebotsstrukturen einer Gruppe von Menschen alles Menschliche entzogen wurde, daß der totale Unwert des Menschlichen als Wert in die Welt gesetzt wurde. Und zwar bei Dekret. Und zwar mit allen Hilfsmitteln, die der Zivilisation von damals zur Verfügung standen. Und natürlich ist dies auch die Tragödie des aufgeklärt-rationalen Menschen, der diese Tatsache nicht historisch ins dunkle Mittelalter rückdatieren kann, auch nicht in das Kindbett einer grausamen, längst vergangenen Kultur. Das Symbol der Schuld in seiner Totalität kennt das Ende der Läuterung nicht, wohl aber ihre Richtung, es ist die Ethik. So kommt die Philosophie in die Literatur und umgekehrt, um ihre Modelle als Maßstab an die Wirklichkeit anzulegen. Und freilich ängstigt dieses Bild. Denn wie machtlos nimmt sich das „brauchest" und „sollte" Kants gegen die anarchische Gebärde des Diktators aus, er, Symbol seiner selbst, unverwundbar und göttergleich. Nur, er ist kein Gott und durchaus verwundbar, wie die Geschichte auch zeigt. Der Mensch hingegen, und hier herrscht Konsens, ist vernunftbegabt. Allerdings können Begabungen überschätzt werden.

Der Arzt in der „Verzauberung" ist, als er die Veränderungen in der Dorfgemeinde feststellt, bestürzt, er weiß nicht, was zu tun wäre, wenn der Fall einträte, daß „die Ordnung sich selbst zum Ekel wird". Hermann Broch hat, glaube ich zumindest, in all seinen Schriften anstatt Faschismus den Begriff „Fascismus“ verwendet, was aber zu seiner Zeit keineswegs unüblich gewesen ist. Dennoch ging es Broch, vor allem in seinen politischen Schriften, nicht nur um den konkreten Faschismus deutsch-österreichischer oder italienischer Prägung, sondern um die Darstellung eines überzeitlichen Phänomens. „Fascismus“ ist nicht etwas, das kommt, das man bekämpft und dann ad acta legt. Marius Ratti ist dessen Personifizierung hinsichtlich eines Merkmals: Er ist ein „Wanderer“, „aus dem Unendlichen kommend, ins Unendliche gehend“. Und diese beinahe mystische Beschreibung deutet direkt aufs Symbol: Auch Brochs „Fascismus“ ist in die Totalität von Mythos und Logos, in das Sichtbare und Unsichtbare, in das Rationale und Irrationale eingeschrieben. Und wäre er es nicht, man könnte ihn wirklich zu den Akten der Geschichte legen. Damit ist aber bei Broch eine Kritik verbunden, die wesentlich die Demokratie, den demokratischen Staat betrifft. Sie lebt in der „Mystik des Glaubens an die absolute Vernunft der Majorität“. Mit anderen Worten, die im Konsens getroffenen Entscheidungen einer Mehrheit sind immer vernünftig. Und extreme, staatsgefährdende Positionen von Minoritäten werden immer durch die Vernunft der Mehrheit reguliert. Daß diese Meinung auch in den heutigen Demokratien vorherrscht, zumindest selten hinterfragt wird, muß verblüffen. Allein durch das historische Ereignis der Wahl Adolf Hitlers zum deutschen Reichskanzler. Aber man muß sich noch mehr vor Augen führen. Seit dem Ende des II. Weltkrieges zeichnen sich alle westlichen Demokratien durch eine Unterlassung aus: ethisch-moralische Modelle zu entwickeln und diese als mögliche Handlungsdispositive zur Diskussion zu stellen. Ethisches Handeln ist rein zur Privatsache geworden und liegt im einzelnen Staatsbürger verbürgt; dort ruht es. Obwohl man in Abwandlung eines Satzes Walter Serners ausrufen möchte: Wieso, fiel 1945 eine Bibel vom Himmel!?

Was bleibt also zu tun, wenn die Ordnung sich selbst und den anderen wirklich zum Ekel wird? Um mich zu wiederholen: ethische Modelle bauen und sich dabei den kategorischen Imperativ vor Augen halten. Und noch etwas möchte ich sagen, indem ich zitiere. Das Zitat stammt von Hugo Ball, dem Gründer des legendären Cabaret Voltaire, in dem der Dadaismus das Licht der Welt erblickte. Ball war aber nicht nur dadaistischer Künstler, sondern beschäftigte sich auch intensiv mit christlicher Religion und anarchistischen Schriften. Und zwar gleichzeitig. Dieser Umstand mag verwundern, aber die Ergebnisse seiner Überlegungen haben großteils noch heute Geltung. So notiert Ball Ende August 1917 in sein Tagebuch: „Der Nihilismus ebnete in Rußland (ganz wie im Westen) dem Anarchismus die Wege. Der Staat gilt als Summe und Generalnenner aller volksfeindlichen Autoritäten.“[5] Diesen Satz, glaube ich, hätten sich alle Politiker und Staatsbürger, die gern in einer Demokratie leben, zu merken. Denn die Behauptung, der bestehende Staat sei die Summe aller volksfeindlichen Autoritäten, ja ihr Generalnenner, ist das Symbol für die laufende Argumentation aller nationalen Parteien mit präfaschistischem Einschlag, wie in Österreich oder Frankreich leicht ersichtlich wird. Es ist das Bild der „Politikerbande“, das in der Bevölkerung entstehen soll. (Und freilich tun die Politiker selbst oft einiges dazu, um diesem Bild zu entsprechen.) Der Satz Balls könnte so wie eine Skala, wie ein Fieberthermometer an die Wirklichkeit angelegt werden: Jede Person, die staatstragende Funktionen ausübt, hätte Beschlüsse zu unterlassen, die derartige Vorstellungen nähren. Und jeder Bürger, dem manchmal im Geheimen der Staat zu einer volksfeindlichen Autorität wird, sollte sich fragen, ob dieses Bild tatsächlich der Realität entspricht.

Leider muß gesagt werden, daß nicht nur äußerst rechtsgerichtete Gruppen das Symbol des Staates als Generalnenner für volksfeindliche Aktivitäten auf ihrem Schilde führen. So behauptet seit längerem ein österreichischer Schriftsteller, der sich selbst als Linksintellektueller bezeichnet, die Zweite Republik sei faschistisch geblieben. Nicht nur die Regierung, sondern auch die Justiz und die Medizin seien faschistisch strukturiert, die Politiker allesamt ein „Gangstersyndikat". Und die Konstruktion der Europäischen Gemeinschaft sei metafaschistisch aufgebaut, sozusagen ein „Hyperfaschismus". Ein anderer Intellektueller schreibt in einem österreichischen Literaturmagazin, zu dessen Herausgeber er avanciert ist, folgendes: Dieses Blatt war und wird unter seiner Leitung noch verstärkt eine „betont österreichische Zeitschrift". Der Grund: „Der Widerstand gegen den schleichenden Anschluß an ein groß und mächtig gewordenes Deutschland ist uns eine selbstverständliche Pflicht." Doch man merkt gleich, dieser Intellektuelle ist auf der Höhe seiner Zeit. Er meint natürlich nicht den Hitlerismus, auch weniger neonazistische Gruppierungen, sondern einen Anschluß, der „mit dem Heiligenschein wahren Europäertums (...) heraufdämmert".

Zu alldem ist eigentlich nur eines anzufügen: Die Rückbesinnung so manchen Denkers auf Österreich als Garant kleinstaatlicher Ordnung, zu deren Verteidigung gegen das Faschistoide im Land oder im übrigen Europa sie nun blasen, fällt mit einem geschichtlichen Ereignis zusammen. Es ist der Zusammenbruch des real existierenden Kommunismus, der den Verlust von Ideologie bedeutet. Gleichzeitig nimmt ein Symbol Gestalt an, nämlich daß überstaatliche, grenzüberschreitende Konzeptionen von Welt prinzipiell (bürokratischer) Staatsanarchismus seien, die Individualitäten unterdrücken. Anders und allgemein gesagt: Du zeigst mit der Hand auf ein Bild, das für dich starke Bedrohung bedeutet. Die Richtung, in die du zeigst, ist aber geschichtlich determiniert, das heißt, sie ist die gleiche geblieben. Du gibst dem Geschichtlichen so viel Raum, daß darin alle zukünftige Vision implodiert. In deinem Weltbild haben die Nachkommenden keinen Platz. Deswegen will ich dir nicht glauben. Du zeigst in die Richtung, aus der das Unglück einst kam und nun wieder kommen soll, wobei du die Möglichkeit nicht einbeziehst, daß das Unglück bereits hinter dir steht, daß es die Richtung gewechselt hat. Hermann Broch hat einmal den Schriftsteller und Philosophen als „Rebell" bezeichnet, weil dieser so gerne hätte, daß sich seine Modelle in der Realität verwirklichen würden. Es ist eine liebevolle Charakteristik, die er da liefert, und die zugleich ihre Unsicherheit gegenüber der mächtigen Symbolik des Revolutionären und des Anarchistischen nicht verbergen kann. Modelle, ethische Modelle, können nur anzeigen, wohin es gehen soll, nicht wohin es gehen muß. Das zweitere ist Sache der Ideologie. So steht das Ethisch-Rebellische auf schwankenden Beinen – aber doch! – gegen eine Verzauberung, die ohne sichtbare Opfer nicht auskommen wird. Und durch dessen Erscheinen Warnung und Klage des Dichters beginnt.

Anmerkungen

[1] Hermann Broch, *Die Schuldlosen,* Frankfurt a. M. 1974, S. 306 f.

[2] Vgl. zu der Entstehungsgeschichte und zu den brieflichen Kommentaren: 1. Paul Michael Lützeler (Hg.), *Brochs Verzauberung,* Frankfurt a. M. 1983. 2. Hermann Broch, *Die Verzauberung,* Frankfurt a. M. 1976. Im folgenden abgekürzt mit: VZ.

3 Vgl. hierzu Hermann Broch: 1. *Die Schuldlosen,* S. 295. 2. *Schriften zur Literatur/Theorie,* Frankfurt a. M. 1975, S. 64–68

4 Hermann Broch, *Philosophische Schriften/Kritik,* Frankfurt a. M. 1977, S. 47 ff. Verwendet wurde auch: A) Der zweite Band der philosophischen Schriften/Theorie, Frankfurt a. M. 1977, B) *Politische Schriften,* Frankfurt a. M. 1978

5 Hugo Ball, *Die Flucht aus der Zeit,* Luzern 1946, S. 181

Zerfall der Werte oder Die Anarchie der Sachlichkeit

Tamás Lichtmann

Hermann Broch war kein geborener Dichter, die Literatur bedeutete für ihn kein Geschichtenerzählen, es beherrschte ihn keine „epische Fabulierlust aus Spaß", er war eher „bis zu einem gewissen Grad ein sich in die Literatur verirrter Philosoph".[1] Die Fragen, die sich für ihn auch im literarischen Schaffen als wichtig erwiesen, waren alle von metaphysischer und ethisch-religiöser Natur. Walter Jens sieht ihn im Vergleich zu Franz Kafka viel zu sehr als einen „Theoretiker, Fachmann und Soziologen, um Kafkas mythische Träume nachdichten zu können... Kafka kannte nur eine Welt und eine Perspektive, Broch wechselte die Stile... Für Kafka war Schreiben eine Form des Gebets, Broch suchte Erkenntnis... Kafka bewohnte die platonische Höhle, ...Broch stieg vom Dunkel immer wieder zur Sonne empor, von der Ahnung zur Erkenntnis und vom Unaussprechlichen zur Sprache."[2]

Im sogenannten *Methodologischen Prospekt* zur Romantrilogie *Die Schlafwandler* ist folgendes zu lesen: „Dieser Roman hat zur Voraussetzung, daß die Literatur mit jenen menschlichen Problemen sich zu befassen hat, die einesteils von der Wissenschaft ausgeschieden werden, weil sie einer rationalen Behandlung überhaupt nicht zugänglich sind und nur mehr in einem absterbenden philosophischen Feuilletonismus ein Scheinleben führen, andererseits mit jenen Problemen, deren Erfassung die Wissenschaft in ihrem langsameren, exakteren Fortschritt noch nicht erreicht hat. Der Besitzstand der Literatur zwischen dem ‚Nicht mehr' und dem ‚Noch nicht' der Wissenschaft ist solcherart eingeschränkter, aber auch sicherer geworden und umfaßt den ganzen Bereich des irrationalen Erlebens und zwar in dem Grenzgebiet, in welchem das Irrationale als Tat in Erscheinung tritt und ausdrucksfähig und darstellbar wird. Es ergibt sich daraus die spezifische Aufgabe, aufzuweisen, wie das Traumhafte die Handlung bestimmt und wie auch das Geschehen immer wieder bereit ist, ins Traumhafte umzukippen. Das Schriftstellerische ist zu dieser Aufgabe legitimiert, da die dichterische Methode zum Unterschied von der der Wissenschaft nicht mit den Worten vollzogen wird, die tatsächlich niedergeschrieben sind, sondern in der Herstellung einer Spannung zwischen Worten und Zeilen besteht, in einer Spannung, in der ihr eigentlicher Ausdruck liegt."[3]

Das Traumhafte ist eben das Grenzgebiet des Irrationalen, das auszudrücken der Literatur bestimmt ist, darin unterscheidet sie sich von der rationalen Philosophie und der Religion. Im ästhetischen, methodischen Sinne kann die Schlafwandlerei als ein Synonym für das Traumhafte interpretiert werden: Schlafwandeln bedeutet eben das Dichterische, das Architektonische, einen Zwischenbereich zwischen Rationalität und Metaphysik. Das Dichterische vermag im Traumhaften (d. h. Schlafwandlerischen), in der Spannung zwischen Worten und Zeilen das auszudrücken, was eigentlich durch rationale, logisch-kausale Methoden der Philosophie nicht erfaßbar ist, nämlich das, was jenseits der Sprache liegt.[4]

Es darf uns nicht irreführen, daß die Helden von Broch dieses Paradoxon als Unmöglichkeit erleben und ebenso beklagen wie der Philosoph Broch. Das ist nur ein Aspekt der Krise der rationalen Erkenntnis, die als Sprachkrise, als eine Unaussprechbarkeit der Wirklichkeit artikuliert wird, die auch Huguenau erlebt: „All dies sieht ganz anders aus, als es in Wirklichkeit ist. Es ist nur so schwer, die Wirklichkeit auszusprechen. Die Worte gehen immer nur um sie herum und treffen sie nie. Und was weiß ein anderer von dieser Wirklichkeit, die ich selbst nicht einmal ausdrücken kann."[5]

Das ist eben das Problem von Huguenau, daß die zerfallene Wirklichkeit durch rationale Mittel, durch die Sprache unaussprechbar, nicht artikulierbar ist. Diese Sprachkrise bzw. Erkenntniskrise ist nicht nur bei den Helden von Broch zu finden, sondern beinahe bei jedem seiner Zeitgenossen (Hugo von Hofmannsthal, Robert Musil, Ludwig Wittgenstein, Karl Kraus). Broch hofft, dies eben durch das Dichterische, durch das Lyrische, durch eine Wortmagie zu überwinden.

Im Zeitalter des Zusammenbruchs und Wertzerfalls sind die traditionellen polyhistorischen Systeme, wie die Philosophie und die Religion, endgültig erschüttert und nicht mehr imstande, die Seinstotalität (Georg Lukács) auszudrücken. Der Wunsch nach einer neuen Totalität (Ganzheit) ruft – nach der Interpretation von Hermann Broch – den polyhistorischen Roman ins Leben. Die Literatur – und vor allem der neue Roman (Beispielgeber für Broch sind James Joyce, Andre Gide und Robert Musil) – hat die Aufgabe der Erkenntnissuche auf sich zu nehmen.

Broch geht da parallel mit den Auslegungen von Georg Lukács (Die Theorie des Romans). Der moderne Roman sei die adäquate Gattung zum Ausdruck des Zerfalls der Seinstotalität nach dem Abschluß des religiösen Zeitalters und auf der Suche nach neuen Wegen. Die einzelnen Perioden seien: die Innerlichkeit der Romantik (Pasenow), dann der abstrakte Idealismus (die Anarchie von Esch) und zuletzt eine Versöhnung des Individuums mit der gegebenen konkreten gesellschaftlichen Wirklichkeit (Huguenau). „Wir haben ... keine Philosophie und wir haben noch viel weniger eine Theologie."[6]

In dieser Krisenphase des rationalen Denkens und der Religion vermag nur das Dichterische die irrationalen Bestandteile des Lebens jenseits des Rationalen – oder im Zwischenbereich – auszudrücken und insofern auch „den Weg zur Ethik und zu den Wertsetzungen zu finden",[7] meint der Dichter-Philosoph Broch: „Dichten war stets eine Ungeduld der Erkenntnis, ein Vorauseilen vor dem Rationalen, ein Wegbereiten. (...) genauso wie aus den antiken dichterischen Kosmogonien sich die rationale Philosophie und die Wissenschaften entwickelt haben, genauso werden jetzt infolge einer Selbstbescheidung des Wissenschaftlichen und eines Versagens des Theologischen die irrationalen Bestandteile des Lebens wieder an den irrationalen Ausdruck des Dichterischen zurückgewiesen."[8]

Dementsprechend ist das zentrale Problem des Romans eine ethisch-religiöse bzw. eine mystische Fragestellung: „...wohin wirkt die Sehnsucht nach Erweckung und Errettung, wenn sie in einer Zeit des Verfalls und der Auflösung der alten Werthaltungen nicht mehr in diese münden kann? Kann aus dem Schlaf und Traum übelsten Alltags ein neues Ethos entstehen?"[9] Auf diese Frage über den Wertzerfall und Verfall versucht der Autor eine religiöse Antwort zu geben, das Werk endet voll Versöhnung und milder Hoffnung: „...nicht Niedergang, sondern Wende",[10] und zwar mit dem paulinischen Wort: „Tu dir kein Leid! denn wir sind alle noch hier!"[11]

Im weiteren soll das Grundmotiv – Angst vor der Anarchie – an einigen Beispielen erörtert werden: Die Protagonisten der Trilogie haben alle Angst vor der Anarchie und flüchten in eine Scheinlösung der partiellen Werte: der junge Joachim von Pasenow in die äußerliche Konvention, Esch zunächst in die Sexualität, später beide in die Frömmigkeit. Konvention, Sexualität und Frömmigkeit sind allesamt partielle Werte und insofern stellen sie Ersatzlösungen dar.

Pasenow flieht vor der Gefahr und Möglichkeit eines ausgeleerten Lebens, das ihm an den Beispielen seines Vaters und Bruders gezeigt wird, in die Romantik, in eine konventionelle Tradition. Er sucht nach einem Ausweg aus der drohenden und schrecklichen Freiheit der Anarchie. Freiheit bedeutet für ihn etwas ähnliches wie für Kafkas Helden im *Schloß,* wo diese die Verzweiflung der ausweglosen Freiheit des sich von jeder Bindung losgelösten, ausgestoßenen Einzelgängers erleben, dessen unerreichbares Ziel die Eingliederung in die Gemeinschaft, die Wiederherstellung der Ordnung ist. Für Pasenow bedeutet die Uniform einen Schutz, eine Abgrenzung, gleichzeitig aber auch eine äußerliche Kollektivität, die seinem Leben zwar keinen Inhalt, wohl aber eine Haltung zu geben scheint. In dieser leeren Haltung ist Pasenow auch mit den dekadenten Figuren von Thomas Mann verwandt (Gustav Aschenbach, Thomas Buddenbrook), und wenn er die „Trägheit des Gefühls“[12] beklagt, dann ist es eine „Ungeduld des Herzens“ (die entsprechende Metapher bei Stefan Zweig).

Esch sucht seine Angst vor der Anarchie – paradoxerweise – immer wieder „anarchistisch“ im Bereich des Erotischen zu überwinden. Er, der Mensch impetuoser Haltungen, flüchtet in eine heftig ausgelebte Sexualität, alles erscheint ihm in diesem Bereich; die Tat, die aktive Hilfe bedeutet für ihn die Befreiung von Ilona, von einer sexuellen Abhängigkeit. Sein mystisch-religiöses Opfer wird in der sexuellen Sphäre, in seiner Beziehung zu Mutter Hentjen thematisiert. In seiner Terminologie bedeutet die präzise buchhalterische Ordnung einen Schutz vor der Anarchie, die so wichtig ist, „daß sie ihm von keiner andern Betätigung je wieder geboten werden kann“.[13] Die Vertiefung des moralischen Verfalls führt nach der Begegnung von Pasenow und Esch zu einer gemeinsamen Wegsuche im Bereich der Frömmigkeit, die sich wiederum als Ersatzlösung erweist und von dem wertlosen, wertfreien Zeitgeist (Huguenau) vernichtet wird.

Auch Bertrand ist sich der Gefahren der Anarchie bewußt, „er weiß vom ethischen Wertzerfall und versucht sein Leben unter weitgehender moralischer (nicht ethischer) Autonomie ins rein Ästhetische zu retten“.[14] Huguenau ist der einzige, der die völlige Anarchie in der Lebensform der Sachlichkeit erlebt, in Form einer wertlosen, chaotischen, zerstörerischen, hemmungslosen Freiheit, in der Auflösung aller Ordnung, in der Atomisierung der Wertsysteme, wo der Maßstab einer Sache nur die Sache selbst ist: Geschäft ist Geschäft, Mord ist Mord... Die Atomisierung führt notwendig zu einer endgültigen und unauflösbaren Einsamkeit und zu einer metaphysischen Angst des sachlichen Menschen. Auf die Frage, ob diese Zeit noch eine Wirklichkeit habe, kann nur geantwortet werden, daß die Zeit nur Wirklichkeiten hat, denn die organische Einheit der Wirklichkeit ist zerfallen, und die Einzelmenschen der Gesellschaft leben in Isoliertheit.

Die Frage, ob Huguenau ein Gegenpol zu den drei anderen Helden (Pasenow, Esch, Bertrand) sei oder eher ihr Schicksalsgenosse, ist nicht eindeutig zu beantworten. Als symbolisch-mythische Figur des Zeitgeistes vernichtet er alle Werte, aber im Epilog der Trilogie nimmt Broch vieles von seinem strengen Urteil zurück und läßt auch Huguenau die Hoffnung der Erlösung „im Blick auf die platonische Freiheit"[15] erträumen. Die „Möglichkeit des wiederkehrenden Ethos"[16] scheint im Gegensatz zu der epischen Figur Huguenau zu stehen, sie scheint eher eine forcierte, gezwungen optimistische Utopie zu sein als ein organischer Ausgang und Ausklang. Zehn Jahre später, im Bergroman, wird dieses philosophisch-ethische Problem vom Autor ganz anders abgeschlossen und gelöst, wobei festzustellen ist, daß Huguenau keinesfalls eine mit Marius Ratti vergleichbare präfaschistische Figur darstellt.

Im folgenden müssen einige grundlegende Motive der Menschenschilderung und der epischen Gestaltung des Werkes hervorgehoben werden. Das wohl wichtigste psychologische Leitmotiv der Trilogie ist die Einsamkeit. Sowohl als theoretischer Ausgangspunkt als auch als Motto des ganzen Werkes kann ein Satz aus dem Roman zitiert werden: „Letzte Zerspaltungseinheit im Wertzerfall ist das menschliche Individuum."[17]

Einsam erlebt der alte Herr von Pasenow nach dem Tode seines älteren Sohnes eine metaphysische Angst und eine Leere der Welt. Das führt zu seiner Depression und zu einer tödlichen Ausgeleertheit in seiner Seele. Einsam kämpft Joachim von Pasenow um den Sinn des Lebens, versucht, ihn in der Konvention der Uniform bzw. der Standesehre, in der mystischen Übersteigerung der Heirat, in einer quasi Minne-Mystik zu finden. Selbst die Ehe bedeutet für das junge Ehepaar eine Flucht in eine gemeinsame Einsamkeit, nur „damit sie nicht unbelehrt, hilflos und sinnlos auf Erden wandeln und ins Nichts eingehen müßten".[18]

Einsam und fremd fühlt sich Bertrand, der seine Liebeserklärung an Elisabeth mit dem Satz einleitet: „Der Fremde darf die Wahrheit sprechen."[19] Und weiter: „Es gibt eben bloß ein einziges wahrhaftes Pathos, das der Entfernung, des Schmerzes... Ich glaube, und das ist tiefster Glaube, daß nur in einer fürchterlichen Übersteigerung der Fremdheit, erst wenn sie sozusagen ins Unendliche geführt ist, sie in ihr Gegenteil, in die absolute Erkenntnis umschlagen und das erblühen kann, was als unerreichbares Ziel der Liebe vor ihr herschwebt und doch sie ausmacht: das Mysterium der Einheit."[20]

Auch der anarchistische und sinnliche Esch erlebt eine verhängnisvolle und schicksalhafte Einsamkeit: „Natürlich dachte Esch ... nicht mehr an die Einsamkeit, die wieder über ihn gekommen war... er dachte auch nicht an die Einsamkeit, die über der Bühne lag, bevor Teltscher die blitzenden, spiegelnden Messer sausen ließ ... denn hinter dem scheinbar so sehr Handgreiflichen, ja Ordinären, steht immer die Sehnsucht, die Sehnsucht der gefangenen Seele nach Erlösung aus ihrer Einsamkeit, nach einer Rettung..."[21] Esch weiß wohl, daß „im Realen niemals Erfüllung sein kann" und „jede Flucht sinnlos" sei.[22]

Auch im Laufe der imaginären, traumhaften Begegnung von Esch und Bertrand spricht letzterer über die Einsamkeit des Erlösers am Kreuz: „Ja, Esch – ans Kreuz geschlagen. Und in letzter Einsamkeit von der Lanze durchbohrt und mit Essig gelabt. Und dann erst mag jene Finsternis hereinbrechen, in welche die Welt zerfallen muß, damit es wieder licht und unschuldig werde, jene Finsternis, in der keines Menschen Weg den Weg des andern findet – und gehen wir auch nebeneinander, wir hören uns nicht und vergessen einander, so wie auch du, mein lieber letzter Freund, vergessen wirst, was ich dir sagte, vergessen wie einen Traum."[23] Hier kommt Esch auf die Idee, daß er die Liebe zu bzw. die Heirat mit Mutter Hentjen als Opfer, als eine moralische Aufgabe auf sich nehmen soll, damit der Weg zur Erlösung eröffnet werden kann. Er bleibt aber auch in der Liebe und in seinem Opfer einsam.

Einsamkeit ist das Leitmotiv vom Leben und Tod Bertrands, er „flüchtete vor seiner eigenen Einsamkeit bis nach Indien und Amerika. Er wollte das Problem der Einsamkeit mit irdischen Mitteln lösen – er war ein Ästhet und deshalb mußte er sich umbringen."[24] „Das Symposion oder Gespräch über die Erlösung" geht ebenso vom Motiv der Einsamkeit aus: „...wir haben alle noch die falsche Wirklichkeit... von Rechts wegen müßten wir alle wahnsinnig sein! wahnsinnig in unserer Einsamkeit. (...) Ja, die Sühne auf sich nehmen... in letzter Einsamkeit...",[25] so Esch. Nur in der Erkenntnis und in der Liebe kann die notwendige Einsamkeit überwunden werden: „So wird Erkenntnis zu Liebe, und Liebe wird zur Erkenntnis, unantastbar jegliche Seele, die zum Gefäß der erkennenden Gnade bestimmt ist; aufgenommen in die Liebe, die Gemeinde der Seelen schaffend, unantastbar und einsam sie alle und doch erkennend vereint – höchstes Gebot des Erkennens, Lebendes nicht zu verletzen..."[26]

Auch die Sachlichkeit führt notwendigerweise zur Einsamkeit, der Zerfall der Gesellschaft bedeutet Vereinzelung: „Sachlichkeit bedeutet, daß der Maßstab einer Sache nur die Sache selbst ist... Damit entfällt jede Möglichkeit für den Menschen, sein Tun an etwas anderem zu messen."[27] Eine Sache kann nur an sich gemessen werden, niemals an etwas anderem. Der Mensch ist auf sich allein angewiesen, in einer völligen, fast metaphysischen, „sachlichen" Einsamkeit, denn er kennt keine gemeinsamen Werte, keine verbindende Kraft mehr. Im Unterschied zu Bertrand, der als Ästhet zwischen Gut und Böse zwar unterscheiden kann, aber nicht will („Er weiß sehr wohl, was gut und was böse ist, er will es bloß nicht unterscheiden. Und das macht ihn verworfen."[28]), vermag Huguenau, der rationale Mensch, nicht einmal Gut und Böse zu unterscheiden. Bertrand ist wertnegierend, Huguenau ist dagegen völlig wertfrei: „In einer absolut rationalen Welt gibt es kein absolutes Wertsystem, gibt es keine Sünder, höchstens Schädlinge."[29]

Huguenau steht außerhalb des allgemeinen Wertsystems, er lehnt sich nicht auf, er revoltiert nicht, er steht einfach jenseits jeder menschlichen Bindung, er ist der absolute Außenseiter. Während Esch und auch Pasenow in die Opposition geraten und gegen den Krieg protestieren, verkörpert Huguenau einen hemmungslosen Verbrechertyp: „Treuester Sohn der Gemeinschaft, die ihm Ziel der Opposition und des Protestes ist, ist dem Rebellen die bekämpfte Welt eine Fülle lebendiger Beziehungen, deren Fäden bloß durch teuflische Bosheit in Verwirrung gebracht worden sind und die zu entwirren und nach eigenem, besserem Plane zu ordnen seine Aufgabe wird... Anders aber einer, der wie etwa Huguenau sich von jeder Ordnung und Gemeinschaft – sei sie gut oder schlecht, ihn kümmert es nicht – losgelöst hat... Er ist nicht Oppositioneller und nicht Rebell, sowenig wie der Verbrecher Rebell ist. Außerhalb der Gesellschaft stehend, haben die Verbrecher kein Interesse daran, an ihrer Struktur etwas zu ändern: Sie wollen bloß Grenzstreitigkeiten vermeiden und ihrem Beruf in Ruhe nachgehen."[30]

Huguenau wird aus der metaphysischen Einheit, aus der Ganzheit der Welt ausgeschlossen, als letzte Zersplitterungseinheit der menschlichen Gemeinschaft: „Der Mensch, der, aus jedem Wertverband entlassen, zum ausschließlichen Träger des Individualwertes geworden ist, der metaphysisch ‚ausgestoßene' Mensch, ausgestoßen, weil sich der Verband zu Individuen aufgelöst und zerstäubt hat, ist wertfrei, stilfrei und nur noch vom Irrationalen her bestimmbar."[31] Der rationale Mensch wird zum irrationalen, die kalte Rationalität wird zum Ausdruck der Irrationalität der Welt: ein Paradoxon, in dem die Ambivalenz und Widersprüchlichkeit der Welt ausgedrückt wird. Aber auch für Huguenau eröffnet sich zuletzt die Ahnung, daß aus dem Zerfall wieder einmal eine neue Ordnung, eine harmonische Einheit entstehen kann. „Und wäre Huguenau vor solch abwegigen Gedanken nicht zurückgeschreckt, er hätte zweifelsohne gefunden, daß es überhaupt keinen Begriff und keinen Namen gibt, dem ein konkretes Substrat entspricht, er hätte sicherlich gefunden, daß es versteckte, wenn auch sichtbare Symbole sein müssen, die die Einheit des Ereignisses und den Zusammenhalt der Welt verbürgen, Symbole, deren Existenz notwendig ist, weil sonst alles Sichtbare in ein unnennbares, schwereloses, trockenes Gefüge kalter und durchsichtiger Asche zerfallen würde..."[32]

Es ist das Aufleuchten einer neuen Erkenntnis, eine Versöhnung im Zeichen eines neuen Wertsystems, „in der sich der Aufstand des Absoluten gegen das Absolute rechtfertigt, der Aufstand des Lebens gegen die Vernunft – Rechtfertigung einer Vernunft, die, scheinbar sich selbst abtrünnig, das Absolute des Irrationalen gegen das Absolute des Rationalen entfesselt, Rechtfertigung, weil in ihr auch die letzte Gewähr gegeben ist, daß die entfesselten irrationalen Kräfte sich wieder zu einem Wertsystem zusammenschließen. Kein Wertsystem, das sich nicht der Freiheit unterwürfe, und sogar das kleinste noch, es fahndet nach der Freiheit, sogar der in irdischeste Einsamkeit und Autonomie verfallene Mensch, er, der nicht weiter als bis zur Freiheit des Mordes gelangt, zur Freiheit des Kerkers, bestenfalls zur Freiheit des Deserteurs, sogar er, der wertentblößte Mensch, auf dem der Zwang alles Irdischen lastet – preisgegeben dem Atem des Ewigen, gibt es keinen, für den das Himmelszeichen der Freiheit nicht in der Nacht seiner Einsamkeit einmal aufgeglommen wäre: jeder muß seinen Traum erfüllen, böse und heilig zugleich, und er tut es, um der Freiheit teilhaftig zu werden in der Dunkelheit und Dumpfheit seines Lebens."[33]

In diesem Augenblick der Vorahnung erscheint in den Visionen von Huguenau der Platonische Mythos: „Manchmal überkam ihn das Empfinden, er säße in einer Höhle, und das Leben ziehe in fernen Bildern am dunklen Firmament vorüber, und dann hatte er große Sehnsucht, aus solchem Pferch herauszukriechen und draußen eine Freiheit und Einsamkeit zu genießen, deren Bestand er von irgendwoher ahnte. Hatte dann auch die noch dunklere Hoffnung, er könne so zu jenen anderen gelangen, die er um ihr schlechteres Wissen doch beneidete, Brüderlichkeit und Gemeinsamkeit von ihnen erwartend. Denn so wenig er sich im Gehaben und in der Lebensführung von ihnen unterschied, so fühlte er sich doch von ihnen immer ausgeschlossen, und die Menschen rückten ihm in stets weitere und ersehntere Fernen, die zu durchmessen wohl seine Aufgabe war, wußte er auch immer deutlicher, daß der Weg unendlich ist und keines Menschen Leben ausreiche, ihn zu durchschreiten."[34]

Der letzte Satz dieser Textpassage ist eine eindeutige Anspielung auf die Novelle „Das nächste Dorf" von Franz Kafka. Dort ist zu lesen, daß man es kaum begreifen kann, „wie ein junger Mensch sich entschließen kann, ins nächste Dorf zu reiten, ohne zu fürchten, daß – von unglücklichen Zufällen ganz abgesehen – schon die Zeit des gewöhnlichen, glücklich ablaufenden Lebens für einen solchen Ritt bei weitem nicht hinreicht".[35]

Im Epilog nimmt der Leser auch von Huguenau als einem Suchenden Abschied, der dieselbe metaphysische Angst fühlt wie Pasenow und Esch: „Groß ist die Angst des Menschen, der sich seiner Einsamkeit bewußt wird und aus seinem eigenen Gedächtnis flüchtet..."[36] Und es wird auch ihm die gemeinsame Ahnung zuteil: „...die Stimme des Trostes und der Hoffnung und der unmittelbaren Güte..."[37] Das ist zweifellos ein versöhnendes, utopisches Ende.

Ein ebenfalls wichtiges Motiv des Werkes ist das der Liebe. Die Einsamkeit und Fremdheit können nur durch die Erkenntnis in der Liebe überwunden werden. „Wer in der Liebe ist, kann nicht mehr einsam sein. Denn nur die Erkenntnis überwindet die Fremdheit..."[38] Die Liebe kann nur durch das Opfer Erlösung bringen: „Daß Einer komme, der den Opfertod auf sich nimmt und die Welt zum Stande neuer Unschuld erlöst: aufsteigt solch ewiger Wunsch des Menschen bis zum Morde, aufsteigt solch ewiger Traum bis zur Hellsichtigkeit. Zwischen geträumtem Wunsch und ahnendem Traum schwebt alles Wissen, schwebt das Wissen vom Opfer und vom Reich der Erlösung."[39]

Diese religiös-mystische Ahnung wird zunächst von Bertrand formuliert: „Viele müssen sterben, viele müssen geopfert werden, damit Platz für den erkennenden liebenden Erlöser geschaffen werde. Und erst sein Opfertod erlöst die Welt zum Stand der neuen Unschuld. Vorher aber muß der Antichrist kommen – der Wahnsinnige, der Traumlose. Erst muß die Welt luftleer werden, ausgeleert wie unter einem Vakuumrezipienten ... das Nichts."[40] Das Vakuum entsteht durch den Auftritt von Huguenau, seine zerstörerischen Aktionen führen zum Nichts. Er hat „mit der Werttradition fast nichts mehr zu tun; denn er ist sowohl ein vollkommen irreligiöser als unerotischer Mensch".[41] Sein Weg führt von der Zerstörung, vom Nichts „in die platonische Abkehr von dem Realen",[42] wo die Möglichkeit eines neuen Ethos auch für ihn aufleuchten kann. Er ist eine höchst widerspruchsvolle Schlüsselfigur der Trilogie, „die extremste Verkörperung des Zerfalls im Humanen",[43] ein völlig unbewußter, wertfreier, skrupellos und amoralisch handelnder Held, der „zum Rächer an dem Veralteten, Absterbenden werden muß".[44]

Im Epilog erscheinen die Möglichkeiten des wiederkehrenden Ethos, der platonischen Freiheit und der Ganzheit der Welt, die als Synthese der ganzen Trilogie sowohl alle Motive der vorhergegangenen Teile aufnehmen als auch „das Thema des im Wertzerfall vereinsamten und von der Weltangst erfaßten Menschen abwandeln, um schließlich in gewaltiger Zusammenfassung die Ahnung des kommenden Ethos aufleuchten zu lassen".[45]

Ein weiteres Leitmotiv der Trilogie ist das Schlafwandeln. Der Major von Pasenow formuliert es wie folgt: „Ja, immer handeln wir wie im Traume. Ein jeder in seinem eigenen Traum befangen, glaubt das Richtige und Notwendige zu tun, ja sogar damit das Gute. Und doch tut er Böses, weil die Richtigkeit seines Tuns nur für ihn besteht und für die Träumer nichts vorhanden ist, was sie eint und ihre Träume in Einklang bringt."[46]

Auch Esch „...steht am Beginn des Schlafwandelns. Noch folgt er der Straße, welche von den Ingenieuren bereitet worden ist, aber er geht nur mehr am Rand, so daß man fürchten muß, er werde hinabstürzen. (...) Er streckt die Arme seitwärts und nach vorne gleich dem traurigen Seiltänzer, der hoch über der guten Erde von besserem Halt weiß."[47] Das Motiv des „traurigen Seiltänzers" ist wieder eine Anspielung auf Franz Kafkas Trapezkünstler in seiner Novelle „Erstes Leid".

Sogar Huguenau hat seinen Traum, den er erfüllen muß, er lebt auch wie ein Schlafwandler im Traum. Die Schlafwandlerei und die Ahnung der Erlösung bestimmt auch das Schicksal der scheinbar sinnlos treibenden Marguerite, dieser kleinen achtjährigen Symbolfigur des Romans: „...das Schlafwandeln der Unendlichkeit ist über sie gekommen und wird sie nie mehr freigeben."[48]

Auch die Form der Trilogie ist polyhistorisch konstruiert: „Sein ‚polyhistorischer Roman' sollte die ästhetischen Konsequenzen aus dem Faktum des vollzogenen Totalitätsverlusts dazu benutzen, eine künstlerische Totalität neuer Art zu entwickeln",[49] meint Paul Michael Lützeler. „Die literarische Produktion entfaltete bei Broch eine Eigendynamik und beansprucht ihr eigenes Recht. Dieses Eigenrecht hatte der Philosoph Broch der Literatur ja auch von Anfang an zugestanden, als er von ihr erwartete, daß sie sich mit jenen Problemen befasse, die noch nicht ins Blickfeld der Philosophie geraten seien. Es ist daher auch von Brochs Poetologie her gesehen nur angemessen, sich immer wieder durch den Text der Dichtung zu Interpretationen anregen zu lassen, statt Brochs Werttheorie im Roman nur bestätigt zu finden."[50]

Es ist eine äußerst schwierige Aufgabe, jenseits der partikularen Systeme und der partiellen Werte noch ein allgemeingültiges, allumfassendes System, eine einheitliche Ordnung zu finden: „Wenn das Ganze in Stücke zerbricht und der Zentralwert sich in den Partialsystemen verliert, wird es die Bestimmung der Kunst, nicht den Glanz einer längst verlorenen Ordnung, sondern die Realität der Teile zu demonstrieren; wenn es den Stil nicht mehr gibt, hat man die Stile zu zeigen; wenn die Totalität ‚unabbildbar' erscheint, muß man zunächst die ‚Abbildungsfeindschaft' des Disparaten gestalten: je größer die Wertzersplitterung, desto schwieriger die Aufgabe des Künstlers, jenseits der Einzelsysteme noch ein Allgemeines zu verdeutlichen: je elementarer der Bruch, desto aussichtsloser das Experiment, den Wertzerfall, im Kunstwerk, bis zu jenem Punkt voranzutreiben, wo die Möglichkeit eines dialektischen Umschlags zu verbindlicher Einheit wieder sichtbar wird."[51]

Die traditionelle Romanform wird in der Trilogie völlig aufgelöst, die Struktur des Werkes ist mit einer „mathematisch-konstruktivistischen Methode" aufgebaut. Eine „choreographische Symmetrie" wird durch die sogenannte Architektonik des Textes erzielt. Architektonik ist eigentlich die Spannung zwischen den Worten und Zeilen, zwischen dem Erzählten und dem Unausgesprochenen. Dieses Spannungsfeld ist für Broch charakteristisch und strukturbestimmend. Die wichtigsten philosophischen Fragen, die ethischen und gesellschaftskritischen Konflikte wiederholen sich und kehren leitmotivisch als Variationen in mehreren epischen Gestalten immer wieder zurück. Neben Huguenau treten im dritten Roman der Trilogie die früheren Helden Pasenow und Esch als Hauptfiguren nochmals auf, und das Schicksal der drei Protagonisten trifft und kreuzt sich: Pasenow und Esch, die vergebens nach der Erlösung suchen, finden hier beide in einen religiösen Mystizismus zurück, und „als Sühne ihrer seelischen Verschuldungen"[52] werden sie notwendigerweise vom sachlichen Dritten, vom Repräsentanten der neuen Epoche als einem Rächer vernichtet.

Neben ihnen erscheint auch in allen drei Teilen die Figur von Bertrand als „Symbol des ganzen Aufbaus, der eigentliche Held des gesamten Romans".[53] Sein Schicksal symbolisiert das „Anwachsen des dunklen und traumhaften Elements"[54] im Werk: Im ersten Teil spielt er eine wichtige Rolle auch in der real-empirischen Handlung, im zweiten Roman erscheint er nur kurz und traumhaft, die Geschehnisse sowie die Taten von Esch werden jedoch stark von ihm beeinflußt. Im dritten Teil tritt er zwar nicht mehr auf, aber die Auswirkung seines Vermächtnisses ist in den Taten aller Protagonisten spürbar. Bertrand ist der ethische Gegenpol zu Huguenau, er ist ebenso rational wie jener, „vielfach Vorläufer des sachlichen (Menschen), aber nicht wertbefreit, sondern wertnegierend…“[55]

Auch in der auf einer Simultaneität aufgebauten Struktur des dritten Romans wird der Zerfall der Werte veranschaulicht. In selbständigen, von der Haupthandlung thematisch unabhängigen Geschichten – in der Geschichte vom Landwehrmann Gödicke, vom Leutnant Jaretzki, von Hanna Wendling und vom Heilsarmeemädchen in Berlin – wird die Parallelität der einzelnen und vereinsamten Menschenschicksale betont. Eine wichtige Sonderstellung nimmt der von einem gewissen Bertrand Müller geschriebene Essay über den Zerfall der Werte in der Romanstruktur ein. Dieser Bertrand Müller ist ein Alter ego, ein mythisches Ebenbild von Bertrand, und in diesem Sinne bedeutet er auch eine epische Verdoppelung von Hermann Broch. Er ist ein sachlicher, passiver Beobachter, ein Außenseiter, in gewisser Hinsicht eigentlich der fiktive Autor des ganzen Werkes. Andererseits ist er nicht nur der Verfasser des Essays und der Berichterstatter von der Liebe zwischen Marie und Nuchem, sondern als Verkörperung einer mythischen Figur, des ewig wandernden Juden Ahasver, gibt er dem Werk eine weitere mythische Dimension.

Anmerkungen

1 Paul Michael Lützeler, *Hermann Broch. Eine Biographie,* Frankfurt a. M. 1985, S. 111

2 Walter Jens, „Mathematik des Traums. Hermann Broch“, in: W. J.: *Statt einer Literaturgeschichte,* Pfullingen 1978, S. 223 f.

3 Hermann Broch, *Die Schlafwandler. Eine Romantrilogie,* Frankfurt a. M. 1978, Kommentierte Werkausgabe, Hrsg. Paul Michael Lützeler, S. 719

4 Siehe auch den letzten Satz des Romans *Der Tod des Vergil*

5 Hermann Broch, *Novellen, Prosa, Fragmente,* Frankfurt a. M. 1979, Hrsg. Paul Michael Lützeler, S. 117

6 Hermann Broch, *Die Schlafwandler,* S. 731

7 Ebd., S. 731

8 Ebd.

9 Ebd., S. 723

10 Ebd., S. 734

11 Ebd., S. 716

12 Ebd., S. 555

13 Ebd., S. 411

14 Ebd., S. 726

15 Ebd., S. 724

16 Ebd.

17 Ebd., S. 692

18 Ebd., S. 177

19 Ebd., S. 108

20 Ebd., S. 112

21 Ebd., S. 222

22 Ebd., S. 379

23 Ebd., S. 339

24 Ebd., S. 596

25 Ebd., S. 555 f.

[26] Ebd., S. 557
[27] Werner Welzig, *Der deutsche Roman im 20. Jahrhundert,* Stuttgart 1970, S. 203
[28] Hermann Broch, *Die Schlafwandler,* S. 597
[29] Ebd.
[30] Hermann Broch, *Novellen, Prosa, Fragmente,* S. 53 f.
[31] Hermann Broch, *Die Schlafwandler,* S. 693
[32] Ebd., S. 709
[33] Ebd., S. 710 f.
[34] Hermann Broch, *Novellen, Prosa, Fragmente,* S. 125 f.
[35] Franz Kafka, *Erzählungen,* Frankfurt a. M. 1983, S. 128
[36] Hermann Broch, *Die Schlafwandler,* S. 714
[37] Ebd., S. 716
[38] Hermann Broch, *Novellen, Prosa, Fragmente,* S. 81
[39] Hermann Broch, *Die Schlafwandler,* S. 333
[40] Ebd., S. 338
[41] Ebd., S. 720
[42] Ebd.
[43] Manfred Durzak, *Hermann Broch,* Stuttgart 1967, S. 26
[44] Hermann Broch, *Die Schlafwandler,* S. 720
[45] Ebd., S. 735
[46] Hermann Broch, *Novellen, Prosa, Fragmente,* S. 79
[47] Hermann Broch, *Die Schlafwandler,* S. 333
[48] Ebd., S. 657
[49] Paul Michael Lützeler, *Hermann Broch,* S. 185
[50] Ebd., S. 113
[51] Walter Jens, *Mathematik des Traums,* S. 219
[52] Hermann Broch, *Die Schlafwandler,* S. 720
[53] Ebd., S. 72
[54] Ebd., S. 721
[55] Ebd., S. 724

HERMANN BROCH IN DER KRITIK DER *KONSERVATIVEN* REVOLUTION

Hubert Orlowski

Die Frage nach der Rezeption von Hermann Brochs *Schlafwandlern* im Kontext seines Konzepts des Wertverfalls sowie der Kulturkrise ist von der Forschung mehrmals aufgegriffen worden. Vor vielen Jahren schon behauptete Paul Michael Lützeler in Bezug auf die frühe Rezeption der Trilogie: „In den allerwenigsten der etwa hundert Rezensionen kam man über formal-ästhetische Vergleiche mit Proust oder Joyce bzw. über ein etwas vages ‚Untergangs'- oder ‚Zusammenbruchs'-Gerede hinaus. Die Besprechungen, in denen die gesellschaftlichen Aspekte des Romans diskutiert wurden, kann man an einer Hand ablesen."[1] (Damit sind die französischen Rezensionen von Wladimir Weidle und Marcel Brion gemeint.) „Diese Tatsache", so Lützeler weiter, „ist wohl kaum durch den Roman selbst bedingt, denn seine zeitkritische Intention ist weder im ‚Pasenow' noch im ‚Esch' und am allerwenigsten im ‚Huguenau' zu übersehen, sondern sie hängt vielmehr mit dem durchwegs *apolitischen literaturkritischen Feuilletonismus der bürgerlichen Presse* zu Beginn der dreißiger Jahre zusammen. Immerhin könnte man für diese früheste zeitgenössische Rezeption entschuldigend gelten lassen, daß es einfach mangelnde historische Distanz zu dem im Roman geschilderten Geschehen war, die es noch nicht ermöglichte, seine gesellschaftskritischen Implikationen wahrzunehmen."[2]

Zu unterstreichen wäre, daß Lützeler diese Meinung auch in seiner jüngsten Broch-Monographie aufrechterhält. Nach seinen Recherchen, die zweifelsohne u. a. auf die von Klaus B. Jonas erarbeitete *Bibliographie Hermann Broch* zurückgreifen,[3] hat es im zeitlichen Umkreis der unmittelbaren Erscheinungszeit der einzelnen Bände der *Schlafwandler,*[4] also vom November/Dezember 1930 *(Pasenow)* bis April 1931 *(Esch)* und April 1932 *(Huguenau),* an die hundert Besprechungen gegeben. Mit den *Schlafwandlern,* so Lützeler, habe Broch „international seinen Ruf als Zugehöriger der literarischen Avantgarde begründet. Etwa hundert Besprechungen erschienen, was für einen bisher unbekannten Autor erstaunlich viel war, und sie wurden in angesehenen Zeitschriften veröffentlicht, wie in der ‚Frankfurter Zeitung', der ‚Literarischen Welt', der ‚Arbeiter-Zeitung', der ‚Neuen Freien Presse', der ‚Prager Presse', dem ‚Querschnitt', der ‚Vossischen Zeitung', dem ‚Berliner Tageblatt', der ‚Neuen Rundschau', der ‚Neuen Zürcher Zeitung', um nur einige zu nennen. Zu den Rezensenten gehörten Schriftsteller wie Franz Blei, Frank Thiess, Hermann Hesse, Gabriele Reuter, Wladimir Weidle, Werner Richter und Edwin Muir."[5]

Der Einblick der Rezensenten in die Problematik der Trilogie war in der Tat kein überwältigender. Paul Fechter verriß in der „Deutschen Allgemeinen Zeitung" die Trilogie „als Beispiel ‚schauerlicher Bildungsliteratur' und ‚unnotwendigen Denkens' einer ‚schwachen menschlichen Seele'".[6] Im sozialdemokratischen „Vorwärts" verteidigte Erich Kuttner Brochs Roman: „Wäre der Sozialismus eine Kirche, an Dogmen gefesselt, so müßte dieser Hermann Broch allerdings glatt verboten werden. Ich glaube auch nicht, daß man in Rußland dieses Buch gestatten wird. Auch im ‚Dritten Reich' dürfte die Romantrilogie schon wegen der souveränen Verachtung, mit der Broch sich über den Krieg erhebt – siehe dritter Band –, wohl kaum zum Verschleiß zugelassen werden."[7] Hesses Bemerkungen sind, wie so oft, recht oberflächlich: „Es ist wundervoll, wie dieser ernsthafte Denker in seinen drei Romanbänden einen Querschnitt durch die Zeit legt und immer wieder zu echten Erkenntnissen und auch zu echten Gleichnissen gelangt."[8] Solche und verwandte Stimmen ließen sich mühelos zitieren.

Dieser Meinung ist nun, aufgrund meiner jüngsten Untersuchungen im Umkreis der Publizistik und Literaturkritik der sogenannten *konservativen Revolution*, entschieden zu widersprechen! Es gab nämlich eine eminent zeitpolitisch motivierte, von der Broch-Forschung eben übersehene Rezeption der *Schlafwandler*. Eine Rezeption also, die aus dem Belanglosen der inzwischen aufgearbeiteten literaturkritischen Auseinandersetzung eines Hermann Hesse oder Paul Fechter spektakulär herausragte und die zugleich das von dieser Wiener Broch-Tagung leitmotivisch instrumentalisierte Schlagwort von der „Angst vor der Anarchie" zu belegen vermag. Sie belegt nämlich, deutlicher als viele spätere akademische Lesarten des Hauptwerkes von Hermann Broch, wie es als ein zeithistorisch nahes Soziopsychogramm der damaligen Zeit, neben anderen gewichtigen Zeitdiagnosen vom Typus *Geistige Situation der Zeit* von Karl Jaspers (1931) oder *Der deutsche Geist in Gefahr* von Ernst Robert Curtius (1932), rezipiert und begriffen worden ist.

Auch die Rolle von Frank Thiess müßte in diesem Zusammenhang stärker exponiert werden. Sie ist zwar unter dem Zeichen der freundschaftlichen Betreuung des Brochschen Werkes nicht unerwähnt geblieben *(Schutzengel der Schlafwandler)*,[9] seine politisch-ideologische Rolle in der Weimarer kulturpolitischen Öffentlichkeit dagegen scheint dabei zu kurz gekommen zu sein.

Es besteht also eine, für die Kontextualisierung des Werkes folgenschwere Lücke in der Rekonstruktion der frühen literaturkritischen und politischen Rezeption der *Schlafwandler*. Sie ist vor allem ein ideologiekritisches Handicap bei der Untersuchung eines zugeschütteten und vergessenen Kapitels verworrener deutscher Ideologiegeschichte, welches ja in der Trilogie selbst thematisiert und problematisiert worden ist! Gemeint ist die politisierte Kritik, die aus den Reihen der sogenannten *konservativen Revolution* kam. Rekonstruiert werden soll nun dieses fehlende Kapitel anhand der Reflexion eines politisch und literaturkritisch sehr aktiven, zugleich jedoch vollkommen vergessenen Essayisten aus den Reihen der Generation der „neunzehnhunderttraurig" Geborenen.

Zu erklären wäre gleich zu Beginn dieser Ausführungen das melancholisch klingende Denkbild „neunzehnhunderttraurig". Es zielt annähernd auf die von Broch im *Methodologischen Prospekt* (1929) vorgeschlagene Bestimmung von Esch: „Der Held des zweiten Teils, Esch, hat die anarchische Stellung eines Menschen *zwischen zwei Perioden*."[10] Im Jahre 1931 erschien im 1. Heft der „Literarischen Welt", im Rahmen des von der Redaktion gestarteten Zyklus „Lebensläufe von heute", die in dritter Person (!) wiedergegebene Selbstdarstellung eines zu diesem Zeitpunkt noch unbekannten Autors. In diesem Selbstporträt, programmatisch betitelt „Europa neunzehnhunderttraurig", heißt es u. a.: „Nach sechs Semestern Berlin, Freiburg, Wien liegt es näher, Reisen zu machen, als auf der Universität zu bleiben. Die Städte Paris, Marseille, Bordeaux, Prag, Budapest, Kronstadt, Konstanz, Konstantinopel kennt er. Seine Hotelzimmer sind billig. Ob er in Balzik am Schwarzen Meer lebt oder in Bayonne am Atlantischen, da gibt es wenig Unterschied. Denn das europäische Gesicht hat überall die eine Müdigkeit für den, der zwischenzeitig geboren ist und im Jahre neunzehnhunderttraurig. Er ist schon zu spät auf die Welt gekommen, er wird nie zur Zeit kommen."[11]

Diese Worte stammen von Peter Huchel, einem Lyriker, der ab 1933 in einer Art „innerer Emigration" lebte und nach 1945 in der SBZ und in der DDR eine bedeutende Rolle spielen sollte. Er gehörte zu den ersten DDR-Autoren, die in den Westen emigrierten. Resigniert (?) meinte Huchel in seiner Selbstcharakterisierung feststellen zu müssen: „Denn er hat sich nicht an dem Start nach Unterschlupf beteiligt. Seine Altersgenossen sitzen im Parteibüro und manchmal geben sie sogar zu, daß es aus irgendeiner Ecke her nicht gut riecht. Immerhin, sie haben ihr Dach über dem Kopf. Aber da ihm selbst die marxistische Würde nicht zu Gesicht steht, wird er sich unter aussichtslosem Himmel weiterhin einregnen lassen. Sie winken aus der Arche der Partei, und er versteht ihren Zuruf."[12]

Diese Selbstcharakterisierung darf als stellvertretend für viele verwandte, bekenntnishafte Äußerungen stehen, die Ende der zwanziger Jahre, um 1930 und etwas später von Autoren der Weimarer Republik, nicht zuletzt in fiktionaler Gestalt, formuliert worden sind. Und sie demonstriert zugleich Huchels Sensibilität für die unterschiedliche „Dichte" und das unterschiedliche Tempo der als historisch verstandenen Zeit. Es ist kein Zufall, daß am Ausgang der zwanziger Jahre, sowohl im fiktionalen Schrifttum der Weimarer Republik als auch in der Kontroverse um den Generationsbegriff[13] und das Generationsselbstverständnis, thematisierte Orientierungsfragen im Kontext einer Identitätskrise und -suche[14] unterzubringen sind.

Die von Reinhart Koselleck apostrophierten „Gleichzeitigkeiten im Ungleichzeitigen" (bzw. der nach Pinder von Mannheim angesprochene, „geradezu" geniale Gedanke der „Ungleichzeitigkeit des Gleichzeitigen"),[15] die sich auf die Ereignisabfolge der Geschichte allein nicht „herunterstimmen" lassen, finden in Huchels metaphorischer Semantisierung geschichtlicher Situationen, Zustände und Haltungen einen einmalig einprägsamen Übergang ins (literarisierte) Alltagsbewußtsein. Dank solcher Begriffe wie „neunzehnhunderttraurig", „Müdigkeit des europäischen Gesichts", „zwischenzeitig geboren", „zu spät auf die Welt gekommen" oder auch „nie zur Zeit kommen" wird hier individuelle, selbsterfahrene Generationszugehörigkeit ins Metaphorische überzeugend hinübergerettet. Die kollektive Erkenntnis, verstanden als „selbsterfahrene Generationszugehörigkeit", könnte also auch – nach Jörn Rüsen – als ein besonderer „Fall" der historischen Erkenntnis, als eines „Sinngebilde(s) erfahrungsbezogene Zeitorientierung"[16] verstanden werden.

In unserem Fall handelt es sich um die kritische Stellungnahme von Ubbo-Emmius Struckmann, einem bisher unentdeckten und kaum bekannten Literaturkritiker und Feuilletonisten des „Berliner Tageblatts" und der „Krakauer Zeitung".[17] Der 1908 geborene, also zu den „neunzehnhunderttraurig" Geborenen dazugehörende Niedersachse Struckmann, studierte in den Jahren 1929–1932 Germanistik, Kunstgeschichte, Philosophie und Geschichte an der Berliner Friedrich Wilhelm Universität sowie (Sommersemester 1930) an der Universität Wien. Seine Kolleghefte beweisen intensive Auseinandersetzung mit Problemen, mit denen er in den Vorlesungen und Seminaren u. a. von Gustav Hochstetter, Nicolai Hartmann, Richard Alewyn, Artur Hübner, Rudolf Oncken und Josef Strzygowski konfrontiert worden ist.

Struckmann ist enger zu bestimmen innerhalb solcher fixer Punkte des mentalen Koordinatensystems der späten Weimarer Republik wie: Generationsselbstverständnis, Jugendpathos, Angst vor dem Zerfall und vor der Anarchie. Er ist zu verstehen nicht nur als Individuum, sondern vor allem als „Sprecher" eines Gruppenbewußtseins.

Die mental-ideologischen „Rahmenbedingungen" der literaturkritischen Wertung von Brochs *Schlafwandlern* durch Struckmann lassen sich nicht zuletzt aus seinen politischen Aktivitäten in den letzten Jahren vor Hitlers Machtübernahme (1929–1932) verstehen. Er war aktives Mitglied eines Verbandes der konservativen Revolution, nämlich des Jungdeutschen Ordens, nahm Kontakt zu Otto Strasser, mit dem er korrespondierte (September–November 1932), und dessen Kampforgan „Die schwarze Front" auf. Zwischen ihm und Harro Schulze-Boysen (Jahrgang 1909!), der ebenfalls Mitglied des Jungdeutschen Ordens war, gab es freundschaftliche Beziehungen (1931). Vor allem jedoch publizierte Struckmann im „Jungdeutschen", dem Organ des Jungdeutschen Ordens. Dort erschienen seine programmatischen Stellungnahmen und Statements, sowohl politische[18] als auch kulturpolitische.[19] Hervorzuheben sind ebenfalls seine brieflichen Kontakte zu dem Rassenkundler Ludwig Ferdinand Clauss. Um sich kurz nach Hitlers Machtübernahme gänzlich dem Journalismus zu widmen, gab er es auf, über den französischen Naturalismus bei Professor Hermann zu dissertieren.[20]

In der Zeit vor Hitlers Machtübernahme, als Student, war Struckmann zugleich Vorsitzender des sehr aktiven Studentischen Germanistenvereins an der Friedrich Wilhelm Universität zu Berlin und veröffentlichte sporadisch in verschiedenen Zeitungen; in der „Täglichen Rundschau", in der „Frankfurter Zeitung", vor allem jedoch, wie schon erwähnt, im „Jungdeutschen" sowie in „Literatur und Kunst", einer Beilage zur „Celleschen Zeitung und Anzeigen". (Celle war damals bekanntlich in den Händen der Deutschnationalen.) Als Vorsitzender des Studentenverbandes korrespondierte er mit vielen Schriftstellern und lud sie zu Vorträgen und Diskussionen ein (u. a. solche Autoren wie Gottfried Benn, Heinrich Mann, Jakob Wassermann, Oskar Loerke, Manfred Hausmann).

In den Jahren 1935–1937, nach mehreren kurzfristigen Anstellungen in Redaktionen von Provinzblättern, ist Struckmann als Mitarbeiter des „Berliner Tageblattes" tätig. Nicht ohne Schwierigkeiten übrigens: wegen Unterdrückung antisemitischer Nachrichten kam er vor Gericht. Im März 1937 wurde ihm – nach dem Volontariat – der Posten im „Berliner Tageblatt" gekündigt. Nach anderthalb Jahren Arbeitslosigkeit kam er bei der „Oberschlesischen Volksstimme" unter, um dann ab November 1939 als Feuilletonleiter bei der „Krakauer Zeitung" im Generalgouvernement, der größten deutschen Zivilzeitung in den okkupierten Gebieten des Dritten Reiches, tätig zu sein. Der von Freunden und Bekannten als „Intelligenzbestie" bewitzelte Journalist nahm aus der frühen Berliner Zeit stammende (Brief)Bekanntschaften auf: mit Manfred Hausmann, Walter von Molo, Werner Bergengruen, Martin Beheim-Schwarzbach... In diese Zeit fällt seine freundschaftliche Beziehung und Zusammenarbeit mit W. E. Süskind. Im Frühjahr 1943 an die Ostfront einberufen, fiel er im August 1944 auf litauischem Gebiet. Im Kampf gegen Partisanen. Seine Offizierslaufbahn hatte er bewußt abgeblockt.

In der von der *konservativen Revolution* vertretenen Expression eines historisch verdichteten Konfliktbewußtseins geht es, infolge der näheren Bestimmung der Spannung zwischen Erfahrung und Erwartung – um es in Kosellecks Begrifflichkeit zur historischen

Zeit zu erfassen –, auch und nicht zuletzt um die europäische Kulturkrise und den Wertzerfall. Es ist zu bedenken, daß nach Broch eben Deutschland ein Land ist, „in dem die europäische Kulturkrise, die in ihr Endstadium getreten sei, am sinnfälligsten zu Tage trete".[21] Bedenkt man, daß Brochs Konzept zivilisationskritisch angelegt ist, so ist das Interesse der „konservativen Revolutionäre" an Brochs Theorie vom „Zerfall der Werte" im 19. und 20. Jahrhundert durchaus verständlich. „Die *Schlafwandler*", so Brochs Selbstauslegung, „zeigen dies (d. h. die Irrationalisierung des Alltagslebens mit dem fortschreitenden Zerfall alter Wertvorstellungen) in drei zeitlichen und gesellschaftlichen Etappen, 1888, 1903, 1918, also in jenen Perioden, in denen der Übergang von der ausklingenden Romantik des späten 19. Jahrhunderts zur sogenannten Sachlichkeit der Nachkriegsepoche sich vollzieht."[22]

Struckmann hat sich mit Hermann Broch dreimal ausführlich auseinandergesetzt, nämlich sowohl in literaturhistorischen und -kritischen Kontextualisierungen als auch (vor allem!) innerhalb einer kulturphilosophischen Konzeptualisierung. Das erste Mal kurz nach dem Erscheinen der beiden ersten Teile der *Schlafwandler*, danach unmittelbar nach der Veröffentlichung des dritten Bandes (Juni 1932), sowie ein drittes Mal im September 1932. Von rezeptionsästhetischer Relevanz sind die Publikationsorgane selbst, in denen Struckmann veröffentlichte. Die publizistischen Texte erschienen nämlich in der Beilage „Kultur und Kunst" der „Celleschen Zeitung" sowie im „Jungdeutschen".[23] Die Auseinandersetzung mit Broch fällt also, um es nochmals hervorzuheben, in Struckmanns politisch äußerst intensive Lebensphase. Und zugleich in eine Phase, in welcher er mit sich selbst, mit seiner kriselnden „deutschen" Identität, ins Reine zu kommen versuchte.

In allen drei Fällen geht es also nicht um Broch „als solchen"; die Auseinandersetzungen mit den „Schlafwandlern" fungieren nämlich innerhalb eines syndromatischen Gebildes von zeitkritischen Äußerungen und Anpeilungen, von sich an Generationserfahrungen orientierenden Statements und ästhetischem Räsonieren. Eines steht fest: Struckmanns Skizzen sind in jeder Hinsicht ideologisch-axiologisch angelegt. Im ersten Teil der Skizze „Zeitfragen der Dichtung", betitelt „Dichter und Bürger", meint der jungdeutsche Publizist, die ersten zwei Bände als eine Schilderung der „jüngsten Vergangenheit"[24] verstehen zu können. (Im zweiten Teil, betitelt „Dichter als Wegweiser", befaßt sich Struckmann mit solchen Autoren wie Erwin Guido Kolbeheyer, Jakob Wassermann und Hermann Hesse!)

Die stärkste Seite des politischen Publizisten Struckmann sind seine literaturkritischen Interpretationen zweifelsohne nicht. Sie erschöpfen sich nämlich grundsätzlich in Zitationen, insbesondere solchen, die sich auf Hermann Brochs geschichtsphilosophische Exkurse beziehen. Fasziniert dagegen ist Struckmann von der diagnostischen Reichweite und historiosophischen Vorstellungskraft des Verfassers der *Schlafwandler*, von der – um einen von ihm auf Wiechert gemünzten Begriff zu verwenden – „Zeitlichkeit im Roman". „Der erste Band", heißt es im literaturhistorischen Exkurs der Skizze, „behandelte im fontaneschen Stil die Zeit, die trotz – oder gerade wegen – des Glaubens an die Absolutheit der Uniform, weil er nämlich nur ein fiktiver Glaube war, den ersten Schritt tat an jenen Abgrund, der den Zerfall aller Werte bedeutet. Der andere Teil, ähnlich etwa Heinrich Mann in Sprache und Stil, ließ noch deutlicher erkennen, wie sich die Menschen jener Tage gleich Schlafwandlern nach etwas sehnten, dessen Erfüllung ihnen nicht gegönnt war, das irgendwie, unbestimmbar, in der Anarchie, oder doch nur der Sehnsucht nach ihr, liegen mußte. Und nun ist der Zerfall der Werte (der dritte Band) über die Menschen gekommen. Schon rein äußerlich im Roman. Vier Geschichten laufen nebeneinander her, und zwischen ihnen liegt ein philosophischer Exkurs über den ‚Zerfall der Werte'. Diese Teile sind gesetzt, wie etwa verschiedene Motive in einer Symphonie gegeneinander gestellt sind und am Ende sich in dem krönenden Schlußakkord zusammenfinden. Dieser Akkord ist für Broch die Rückverweisung des Menschen auf die Einsamkeit."[25]

Danach geht Struckmann auf narrative Details ein, um sich jedoch sogleich der ideologischen Sphäre der Trilogie zuzuwenden: „Im Metaphysischen sieht er (d. h. Broch) durch die ‚positivistische Weltauflösung' hindurch die mächtigste Kontur eines Geistes sich abheben: ‚die Idee des reinen Pflichtorganons, die Idee des rationalen gottfreien Glaubens – in steinerner Gesetzlichkeit die inhaltsentleerte Form einer Religion an sich, vielleicht sogar die rationale Unmittelbarkeit einer Mystik an sich, deren stumm-asketische und ornamentlose Religiosität, untertan der Strenge und nur der Strenge, auf das letzte Ziel dieser wahrhaft protestantischen Revolution hinweist: auf das tonlose Vakuum einer grausamen Absolutheit, in der der abstrakte Geist Gottes thront, Gottes Geist, nicht Gott selber, voll Trauer thronend in der Angst des traumlos unverbrüchlichen Schweigens, das der reine Logos ist.' Und wieder waren auch zu jener Zeit die Menschen nur Schlafwandler. ‚An dieser Situation des europäischen Geistes nahm Huguenau wenig Anteil, wohl aber an der herrschenden Unsicherheit. Denn das Irrationale im Menschen spürt das Irrationale der Welt.' Oder wenn der Autor vom ‚Unbehagen aller Zeitungsleser' spricht: ‚Sie lesen ihre Zeitungen, und in ihnen ist die Angst des Menschen, der allmorgendlich zur Einsamkeit erwacht, denn die Sprache der alten Gemeinschaft ist ihnen erschwiegen und die neue ist ihnen unhörbar.'"[26]

Wiederholt formuliert Struckmann Fragen, die den Horizont der Brochschen sowie den der „jungdeutschen" Perspektive anpeilen: „Brochs Überzeugung ist, daß die Zeit des ‚polyhistorischen Romans' angebrochen sei. Man wird ihm Recht geben, wenn man sein Werk oder das eines Joyce[27] als Non-plus-ultra einer Epoche ansieht, an deren Anfang jene Broschüre eines Boelsche stand, der die Naturwissenschaften als Grundlage jener Poesie hinstellte. Dennoch weist Broch darüber hinaus mit seiner Theorie, daß die Gattung des Romans heute ‚jene Teile der Philosophie schlucken' müsse, ‚die zwar metaphysischen Bedürfnissen entsprechen, dem derzeitigen Stande der Forschung aber gemäß heute als unwissenschaftlich oder als mystisch zu gelten haben.' Denn was ist das anders, als das notwendige Zurück von allem übertriebenen Psychologismus? Es müßte interessant sein, Brochs eminente Begabung auf einen Vorwurf des Jahres 1932 gerichtet zu sehen!"[28]

Ein Kernstück von Struckmanns Reflexionen macht die Thematisierung und Problematisierung selbst des besonderen Erwartungshorizonts des letzten Romans aus! „Broch", so Struckmann, der Jungdeutsche und „Kolonne"-Sympathisant, „kann sich mit seinem Werk nur an einen bestimmten Kreis wenden. Das unterscheidet ihn von einem jungen Dichter, der soziologisch aus anderen Kreisen hervorgegangen ist, aus ihnen heraus seine Kraft schöpft und (auch) für sie schreibt: Walter Bauer, ‚Ein Mann zog in die Stadt'... Breit entrollt sich, gebändigt in meisterhafter Sprache, das Leben eines, der von der Scholle fort den Weg in die Stadt sucht, in die neue Zeit, in völlig andere Bedingungen und Verhältnisse ... Proletarier heißt ja eben Teil sein einer Masse, deren Dasein dahinläuft in jener fragenlosen Monotonie, die nur ein vages Ziel kennt. Und das können wir nun doch – weil es ähnlich wie das Geschehen in Brochs Werk sich im Gestern abspielte – mit der alten Antithese am ehesten bezeichnen, wie sie der bekannte Universitätsprofessor Herm. Heller kürzlich formulierte: ‚daß der sozialistische Proletarier (und er ist der Typ der Gestalten Bauers, zumal der anwachsenden Kinder) die bürgerliche Sekurität nicht nur nicht verachtet, sondern für sich selbst erstrebt und erstreben muß'. Dieses Sicherheitsgefühl hat seine Wurzeln in der freiwilligen Unterordnung unter Autoritäten, im Glauben an eine höhere sittliche Bestimmung des Menschengeschlechts, und es gab Willen und Mut, Kultur und Staat der bürgerlichen Gesellschaft zu repräsentieren."[29] (Walter Bauer, um hinzuzufügen, „verdingte sich" für einige Jahre dem Dritten Reiche.)

Den eigentlichen Kontext für Struckmanns Einordnung von Hermann Brochs Trilogie bilden jedoch weder Walter Bauer noch sein Roman, sondern bezeichnenderweise drei andere Autoren und deren Werke, nämlich Thomas Mann und seine Rede *Goethe als Repräsentant des bürgerlichen Zeitalters* (1931), Hans Grimm und seine Studie *Von der bürgerlichen Ehre und bürgerlicher Notwendigkeit* (1931) sowie Erich Kästner und sein Roman *Fabian. Die Geschichte eines Moralisten* (1931). Drei Menschentypen, drei (mögliche) Haltungen werden von Struckmann angesprochen in einer Zeit der Umwertung (fast) aller Werte, einer Zeit, die folgenderweise umrissen wird: „– Das Alte stürzt, und neues Leben blüht aus den Ruinen – Es dürfte kaum einer mehr unter uns sein, der nicht – mit welcher wertenden Anteilnahme immer – mit allen Sinnen dem Vergehen und Werden um uns seine Aufmerksamkeit zuwendet. Ein jeder versucht sich anzupassen, sich hineinzustellen in den Strom. Ein jeder wird mit der gleichen Frage davorstehen, was an altem Gut gerettet werden könne, was bestehen bleiben würde von dem, was er gelernt, was er sich erworben, was ihm lieb geworden ist. Daß Dichter oder Schriftsteller sich Rechenschaft darüber ablegen, war am ehesten zu erwarten. Es sind natürlich die verschiedensten Motive, die sie dazu bringen."[30]

Nach Struckmann gilt für Thomas Mann der „Bürger" und „das Bürgerliche" als das „Rettende". Gesetztheit, Ordnungsliebe, Lebensstandard und Protestantismus gehören ebenfalls dazu. Thomas Manns Option scheint in Struckmanns Augen jedoch eine anationale zu sein. Thomas Mann wird nun Hans Grimm gegenübergestellt. Denn: „Er steht nicht auf dem Boden des Liberalismus, sondern versucht, dem heutigen Nationalismus Wege zu zeigen, die nach seiner Meinung gerade jetzt notwendig gewiesen werden müssen. Oberstes Gebot ist ihm für alle deutschen Menschen die Erweckung des Bewußtseins, ‚daß sie als Deutsche alle Teil und jeder Stück einer Aristokratie seien', und die Pflicht, die daraus erwächst: ‚Die Steigerung zu uns selbst.'"[31]

Doch Struckmann kommt zur Überzeugung, daß weder Thomas Mann noch Hans Grimm recht zu geben ist: „Denn die Prämissen, die Thomas Mann setzt, sind heute nicht entfernt mehr gegeben, und die neue Welt, die er kommen sieht, das ist die Welt derer, die man gemeinhin mit dem Schlagwort ‚junge Generation' bezeichnet – sie kennt nicht mehr den ‚Bürger'-Begriff, der noch immer einen Beigeschmack hat von einem Abgeschlossensein von anderen Schichten."[32] Diejenigen Eigenschaften dagegen, die Hans Grimm verteidigt, „sind so allgemein menschliche Postulate, daß sie nicht eben mit ‚bürgerlich' bezeichnet werden können..."[33] In Kästners Roman *Fabian* wiederum sei der verhetzte, der arbeitslose Mensch der Held. Ein Deklassierter also, ein in seiner Bürgerlichkeit verunsicherter Intellektueller. Struckmanns „Abrechnung" wird umso verständlicher, je stärker sein Weltbild, präziser formuliert: das Weltbild seiner „jungdeutschen Generation" zu Worte kommt. In der Auseinandersetzung mit Ernst Robert Curtius' Essay *Nationalismus und Kultur* („Die Neue Rundschau", XLII, 12) heißt es nach der Abrechnung mit Antike, Humanismus, Christentum und allen möglichen Traditionssträngen: „Es sei nur die Frage hier gestellt, ob nicht die problematische Stellung der neuen Generation gegenüber allem Kirchlichen gerade darin ihre Wurzel hat, daß das nationale Moment nicht in voller Klarheit zum Ausdruck kommt? Ist es so verkehrt, wenn man behauptet, daß uns fehlt, was die Engländer in ihrer anglikanischen Kirche haben?"[34] Ein weltanschauliches Statement voll Bitterkeit und Vorwürfe, einige Tage später in der „Schwarzen Front" veröffentlicht, hebt die Ratlosigkeit der Generation der „neunzehnhunderttraurig" Geborenen besonders spektakulär hervor: „In uns lebte der Wille. In uns lebte ein Ethos. In uns lebte ein Eros, für das Volk! Schließlich ertrugen wir auch Kompromisse, Bündnisse, die unser Bund an sich mit der stets aufgestellten Forderung anständigen Kampfes, moralischen, ethischen Wollens nicht hätte vereinen können. Man entschuldigte sich: Taktik sei geboten, man müsse mit den real gegebenen Verhältnissen rechnen, auf den Boden der Tatsachen sich stellen. Wir machten unseren Führern einmal die Konzession, wir machten sie auch zweimal, vielleicht ein drittes Mal. Mählich aber wurden wir stutzig."[35]

Im September 1932, also schon aus einer gewissen zeitlichen Distanz, geht Struckmann nochmals, nämlich in einer Skizze für den „Jungdeutschen", in Form eines dialogisierten Essays („Gespräch um Zola als Ahn moderner Literatur") auf Broch ein.[36] Diesmal jedoch ist der Bezugsrahmen weiter und kühner konstruiert. Als Mitdeuter der Moderne bzw. Modernität (!) wird nun Hermann Broch nämlich mit Ortega y Gasset konfrontiert,[37] wobei Struckmann keinen konkreten Titel des spanischen Kulturphilosophen nennt. In der Poetik eines fingierten Dialogs, geführt zwischen einem intellektuell überlegenen Gesprächspartner und einem orientierungsbedürftigen Simplicius, führt Struckmann sein Konzept der Moderne vor; mit dem Naturalismus beginnend, meint er ein Dahingleiten der Generationen, in das auch Broch hineingehört, zeigen zu können: „Du sprachst, als du neulich einiges von der modernen Literatur sagtest, in Begriffen wie ‚Naturalismus', ‚Sachlichkeit', und sprachst auch von einer Haltung, die man schlagwortartig mit ‚neuer seelischer, naturhafter Verbundenheit' umreißen könnte... Ich möchte aber Erklärungen haben, wie diese Begriffe zusammenpassen. Wie wir sie verstehen, liegen Jahrzehnte zwischen ihnen, die die Lebenshaltung der Generationen veränderten."[38]

Im Verlauf des geschickt aufgebauten Dialogs werden Begriffe wie „Naturalismus", „Realismus" und „Sachlichkeit" in einen Bezugsrahmen von sprechenden Namen (Ortega y Gasset) gestellt.[39] Einzelne Werke werden auf die (fehlende) Tradition hin untersucht: „Mir fällt bei all dem, was du sagtest, etwas auf. Einige Werke deines modernen Naturalismus kenne ich ja auch. Sie sind eigentlich traditionslos. Handlung ist kaum da, und die übliche, gleichsam makrokosmische Abgeschlossenheit ist aufgegeben, bisher unerhörte Gedankenverbindungen werden eingefügt... Also – man könnte übrigens diese Momente recht gut auf deine drei Themen (sozial, materialistisch, psychologistisch) bringen; ...ich meine also, daß dieser Stand der Entwicklung wohl schon das erreicht hat, was ein spanischer Philosoph ‚Enthumanisierung der Kunst' genannt hat."[40]

Und so kommt es zu einer zivilisationskritischen Sinnzuweisung für das Werk von Broch: „Du meinst Ortega y Gasset, nicht wahr? Auch ich glaube, daß er recht hat. Und ich glaube es umso mehr, als immer wieder Stimmen sich erheben, die nicht nur … den Humanismus mit einem Fragezeichen versehen, sondern die mit allem Ernst und Verantwortungsbewußtsein ein Neues ihm gegenüberzustellen versuchen. Döblin, ein Beispiel, prägte den Begriff ‚Naturismus'. Die Enthumanisierung äußert sich in der Tendenz gegen die Wirklichkeit, gegen den Menschen, das Menschliche. Überrealismus und Unterrealismus nennt der Spanier die beiden Erscheinungsformen: einmal sind sie die ‚Schlafwandler', die große Trilogie von Broch, bestes Beispiel."[41]

Die dialogische Form wird darauf, im abschließenden Teil des Textes, verworfen zugunsten eines „reinen" Essays mit Zwischenbemerkungen. Geliefert wird eine literarhistorische Zuordnung von erstaunlicher Dichte und innerer Konsequenz: „Der Held alten Stils entwickelte sich an einer Idee, zur Vollendung empor oder zur Katastrophe. Es war die Pflanze, die sich aufzuranken versuchte an einer gegebenen, festen Stütze. Heute ist es umgekehrt. Der Gedanke lebt. Wie das Licht durch das Prisma in viele Farben zerlegt wird, so ‚bricht' sich die Idee an einer willkürlich herausgegriffenen Menschenmenge. ‚Helden' in den drei Bänden Brochs sind die Romantik, die Anarchie, die Sachlichkeit. Gerade der letzte Teil zeigt es deutlich mit seinen eingefügten philosophischen Exkursen. Der Porträtmaler heute malt nicht mehr die äußere Erscheinung des Menschen, sondern seine Idee von ihm."[42] Die darauf folgende Exemplifizierung von Unter- und Überrealismus an solchen Beispielen wie Joyce, Döblin („Berlin Alexanderplatz") und (!) Kokoschka ermöglicht eine Rekonstruktion kulturphilosophischer Maßstäbe von Struckmann.

Jedoch nicht dieser Aspekt der kulturhistorischen und ästhetischen Sinnzuweisung ist für Struckmann als Vertreter der in viele Verbände aufgesplitterten konservativen Revolution von ausschlaggebender Relevanz, von letztendlicher Sinngebung in einer anarchischen, aus den Fugen geratenen Zeit, sondern die zivilisationskritisch untermauerte Sinnfindung bzw. Sinnverleihung, aufgebaut auf deutschnationaler Ideologie. Diese läßt ihn übrigens schon ein Jahr zuvor, aus Anlaß des Erscheinens von Hugo von Hofmannsthals Prosasammlung „Die Berührung der Sphären", seine Position weltanschaulich deutlich festlegen. Indem er sich auf Hofmannsthals im Jahre 1907 gehaltene Rede „Der Dichter und diese Zeit" beruft, meint er, die Kategorie des notwendigen, wenn nicht sogar charismatischen Führers bestimmen zu können, bestimmen zu müssen, unumgänglich in einer Situation einer „erschütternden Erkenntnis der Inhaltslosigkeit im ganzen Deutschland".[43]

Der ans „Brutale" streifende Überrealismus scheint nach Struckmann eine notwendige Entwicklungsphase zu sein; er ergebe sich aus dem „Übergewicht des Überlieferten", das übrigens „auf jedem Gebiet, in jeder Äußerung unseres neuen, werdenden Lebensgefühls zu spüren ist. Laß mich nur noch eben einige Andeutungen machen: Zola war einer der ersten, die, unbewußt noch, ein neues Ziel suchten, die die ersten Beben vor der großen Umwälzung, in der wir heute stehen, verspüren… Und ich glaube, daß in unserer jungen Dichtergeneration auch schon so etwas Neues sich anbahnt. Wenn du Menschen wie Hausmann, Beheim-Schwarzbach oder Walter Bauer zu dir sprechen läßt, wenn du Blätter wie die der ‚Kolonne' … liest, dann, meine ich, müßte eine Ahnung dessen, was wird, was unser Lebensgefühl trägt und was sein Ausdruck ist, schon kommen."[44]

Die Einbettung Hermann Brochs in einen Traditionsstrang zivilisationskritischer Sinnverleihung in der von Struckmann demonstrierten Form ist – wie schon erwähnt – nicht zuletzt deshalb von überindividueller Relevanz, als sich der jungdeutsche Publizist in seinem publizistisch artikulierten Selbstverständnis programmatisch als Vertreter der „jungen Generation", der „neunzehnhunderttraurig" Geborenen zu Worte meldet. Die Besonderheit der von Struckmann in Schrift sowie (auch späterem!) politischem Verhalten demonstrierten Interessenlage läßt so das vergessene Kapitel der Broch-Rezeption in seiner besonderen Singularität erscheinen.

Anmerkungen

1 Paul Michael Lützeler, *Hermann Broch. Ethik und Politik,* München 1973, S. 9

2 Paul Michael Lützeler, *Hermann Broch,* S. 9 (Hervorhebung H. O.)

3 Vgl. Berthold Hack und Marietta Kleiß (Hg.), *Hermann Broch, Daniel Brody. Briefwechsel 1930–1951,* Frankfurt/Main 1971. Sowohl in den von Gisela Brude-Firnau herausgegebenen *Materialien zu Hermann Brochs „Die Schlafwandler"* (Frankfurt/Main 1972) als auch in der von Endre Kiss edierten Dokumentation *Hermann Broch. Werk und Wirkung* (Bonn 1985) fehlen jegliche Hinweise auf politisch motivierte Rezeption.

4 *Die Schlafwandler,* „Der erste Roman. Pasenow oder die Romantik", 1888, München-Zürich: Rhein-Verlag 1931 (statt richtig 1930); „Esch oder die Anarchie", 1903 München-Zürich: Rhein-Verlag 1931; „Huguenau oder die Sachlichkeit", 1918 München-Zürich, Rhein-Verlag 1932

5 Paul Michael Lützeler, *Hermann Broch. Eine Biographie,* Frankfurt/Main 1985, S. 125 f.

6 Gisela Brude-Firnau (Hg.), S. 109 f.

7 Ebd., S. 106 f.

8 Bertold Hack und Marietta Kleiß (Hg.), S. 208

9 Frank Thiess „...galt als ein Schriftsteller mit guten Beziehungen zu Verlagen und literarischen Zeitschriften. Von ihm, dem Insider, erhoffte sich Broch Hinweise und Hilfe bei seinen ersten Gehversuchen auf dem glatten Parkett des Kulturbetriebes." Paul Michael Lützeler, *Hermann Broch. Eine Biographie,* S. 107

10 Hermann Broch, *Die Schlafwandler,* Frankfurt/Main 1978, S. 720 (Hervorhebung H. O.)

11 Peter Huchel, *Gesammelte Werke,* Frankfurt/Main 1984, Bd. 2, S. 217

12 Peter Huchel, S. 218

13 In einer kaum vorstellbaren Dichte erschien um 1930 eine Reihe von programmatischen Beiträgen zur „Generation." Erinnert sei u. a. an Richard Alewyns, Julius Petersens, Wilhelm Pinders und Eduard Wechsslers Stellungnahmen. Diese Eruption war zweifelsohne keine zufällige. Als Anlaß ist die deutsche Übersetzung (Original 1923) des kulturphilosophischen Essays *Der Begriff der Generation* von Jose Ortega y Gasset, 1928 in der Sammlung *Die Aufgabe der Zeit* erschienen, zu verstehen. Von weit größerer Relevanz war jedoch die mentale „Aura" eines spezifischen Generationserlebnisses. Selbst Karl Mannheim greift in seiner Studie *Das Problem der Generationen,* 1928 in den „Kölner Vierteljahresheften für Soziologie" veröffentlicht, auf Wilhelm Pinders Text zurück, um aus der stark biologistisch untermauerten Studie die seiner Einsicht nach zentrale Fragestellung hinsichtlich des mentalen Charakters des Generationsbegriffs hervorzuheben: „Wertvoll, geradezu genial sind bei Pinder der Gedanke der ‚Ungleichzeitigkeit des Gleichzeitigen'..." (Karl Mannheim, *Wissenssoziologie,* Neuwied 1964, S. 521).

14 Es dürfte also nicht verwundern, wenn Schlagworte und Leitbegriffe wie „Jugend" und „Krise" auf komplementäre Weise einen sowohl programmatisch zentralen als auch episch breit fiktionalisierten Platz in einer Flut von Schriften sowie Romanen am Vorabend der Weimarer Republik zu gewinnen vermögen. Zu erwähnen wären Frank Thiess' Jugendromanzyklus *Der Leibhaftige* (1924), *Das Tor zur Welt* (1926), *Abschied vom Paradies* (1927), *Der Zentaur* (1931), Ernst von Salomons Freikorpsroman *Die Geächteten* (1930), Ernst Glaesers Roman *Frieden* (1930), W. E. Süskinds Roman *Jugend* (1930). Klaus Manns *Kindernovelle* (1926) und *Kind die-*

ser Zeit (1932) werden zu Werken über die „Lebenskrise der ‚Jungen'" erhoben. Erich Ebermayers Roman *Die große Kluft* (1930) gilt, nach Buchwerbung, als „das repräsentative Werk über Deutschlands Kriegs- und Nachkriegsjugend." In Martin Raschkes Roman *Fieber der Zeit. Roman einer Jugend nach dem Kriege* (1931) entdeckt der Kritiker Hermann Kasack ein Sich-Besinnen „auf das Zeitlose der eigenen Existenz." „Krisenromane" verfaßte auch Hermann Kesten (*Josef sucht die Freiheit,* 1927; *Ein ausschweifender Mensch,* 1929). Krise wird im Untertitel von Forst de Battaglias Streitschrift „Der Kampf mit dem Drachen" (1931) apostrophiert: „Zehn Kapitel von der Gegenwart des deutschen Schrifttums und von der Krise des deutschen Geisteslebens." In der jüngsten Forschung zur mentalen Entwicklung deutscher Jugend vor 1933, auch im Zusammenhang mit deren publizistisch-literarischen sowie „pubertär"-politischen Artikulationen, wird wiederholt und mit Nachdruck auf den „Zerfall der Ordnungen nach dem ersten Weltkrieg", auf die „Jugend-Revolution statt sozialer Revolution" sowie auf eine „Mission ohne Ziel" verwiesen. Die programmatische Schrift „Die Sendung der jungen Generation" von E. G. Gründel (1933) trägt den bezeichnenden Untertitel „Versuch einer umfassenden revolutionären Sinndeutung der Krise." Mit Kategorien wie „Kampf" wird dann diese Krisenbewältigung umrissen. Vgl. Eduard Wechssler: *Die Generation als Jugendreihe und ihr Kampf um die Denkform,* Leipzig 1931.

15 Vgl. Reinhart Koselleck, *Vergangene Zukunft,* Frankfurt/Main 1976. Pinder behauptet u. a.: „Jeder lebt mit Gleichaltrigen und Verschiedenaltrigen in einer Fülle gleichzeitiger Möglichkeiten. Für jeden ist die gleiche Zeit eine andere Zeit, nämlich ein anderes Zeitalter seiner selbst, das er nur mit Gleichaltrigen teilt. Jeder Zeitpunkt hat für jeden nicht nur dadurch einen Sinn, daß er selbstverständlich von jedem in individueller Färbung erlebt wird, sondern – als wirklicher ‚Zeitpunkt', unterhalb alles Individuellen – schon dadurch, daß das gleiche Jahr für einen Fünfzigjährigen ein anderer Zeitpunkt seines Lebens ist als für einen Zwanzigjährigen... Man kann also von der versteckten ‚Ungleichzeitigkeit des Gleichzeitigen' reden." Wilhelm Pinder, *Das Problem der Generation in der Kunstgeschichte Europas,* Leipzig 1941, S. 12 (1. A. 1926).

16 Vgl. Jörn Rüsen, „Geschichtsschreibung als Theorieproblem der Geschichtswissenschaft", in: Reinhart Koselleck, Heinrich Lutz, Jörn Rüsen (Hg.), *Formen der Geschichtsschreibung,* München 1982, S. 28

17 Zu Struckmann gibt es kaum Sekundärliteratur. Vgl. lediglich: Hubert Orlowski, „Krakauer Zeitung 1939–1945. Nichtnationalsozialistische Literatur im Generalgouvernement", in: Horst Denkler, Eberhard Lämmert (Hg.), *Das war ein Vorspiel nur. Berliner Colloqium zur Literaturpolitik im „Dritten Reich",* Berlin 1985

18 Vgl. u. a., „Nationale Opposition. Scheinoppositionen und wahre Opposition", in: *Der Jungdeutsche,* 7. 12. 1929.

19 Vgl. u. a. „Noch einmal Dichterakademie. Geschichte der Sektion. Die Auseinandersetzung um Sinn und Zweck. Allgemeine Dichterakademie und Jungdeutsche Kulturkammer", in: *Der Jungdeutsche,* 21. 02. 1931.

20 Diese sowie weitere Lebensdaten verdanke ich der Freundlichkeit der Familie Struckmann, die mir erlaubt hat, das Familienarchiv Struckmann zu sichten und zu nutzen.

21 Paul Michael Lützeler, *Hermann Broch,* S. 112

22 Hermann Broch, *Die Schlafwandler,* S. 719 f.

23 Es ist anzunehmen, daß in dem fast unüberschaubaren Schrifttum der vielen vielen Verbände der konservativen Revolution weitere politisch motivierte Stellungnahmen zu Hermann Brochs Trilogie zu finden sind.

24 U. E. Struckmann, „Zeitfragen der Dichtung. Dichter und Bürger", in: *Literatur und Kunst. Beilage zur Celleschen Zeitung und Anzeigen,* 25. 6. 1932

25 U. E. Struckmann, *Zeitfragen der Dichtung*

26 Ebd.

[27] Auf Joyce und Proust geht Struckmann auch in einem anderen Zusammenhang ein, nämlich mit seinen Überlegungen „Über den modernen Roman". Vgl. U. E. Struckmann, „Über den modernen Roman", in: *Literatur und Kunst. Beilage zur Celleschen Zeitung und Anzeigen,* 22. 9. 1931.

[28] U. E. Struckmann, *Zeitfragen der Dichtung*

[29] Ebd.

[30] Ebd.

[31] Ebd.

[32] Ebd.

[33] Ebd.

[34] U. E. Struckmann, „Nationalismus und Kultur. Liberalismus in der Defensive", in: *Der Jungdeutsche,* 12. 12. 1931.

[35] „Die große Tragik", in: *Die schwarze Front,* 20. 12. 1931. Die Schlüsselkategorie „Generation" dient Struckmann immer wieder als Wegweiser des Verstehens, zum Beispiel (im „Jungdeutschen") in einer Rezension des Romans *Das einfache Leben* von Ernst Wiechert.

[36] U. E. Struckmann, „Gespräch um Zola als Ahn moderner Literatur", in: *Der Jungdeutsche,* 24. 9. 1932.

[37] Zu erwähnen ist, daß zu diesem Zeitpunkt den deutschen Lesern sowohl die Sammlung *Die Aufgabe unserer Zeit* (1923, deutsch: 1928) als auch *Der Aufstand der Massen* (1930, deutsch: 1931) bekannt gewesen sind.

[38] U. E. Struckmann, *Gespräch um Zola...*

[39] Wenige Monate früher nahm Struckmann im *Jungdeutschen* Stellung zu Ernst Robert Curtius' polemischen Essay „Nationalismus und Kultur." „Denn er geht", so Struckmann, „nicht nur die Kreise um die ‚Tat' an, an die er gerichtet ist, sondern alle jungen Kreise, die sich um Klärung und Fundierung neuen Gedankengutes mühen." Wiederholt wird die „junge Generation" auf den (intellektuellen) Plan gerufen. Vgl. U. E. S, „Nationalismus und Kultur", in: *Der Jungdeutsche,* 12. 12. 1931.

[40] U. E. Struckmann, *Gespräch um Zola...*

[41] Ebd.

[42] Ebd.

[43] Vgl. U. E. Struckmann, „Vom Büchertisch", Hugo von Hofmannsthal, „Die Berührung der Sphären", in: *Der Jungdeutsche,* 26. 4. 1931.

[44] U. E. Struckmann, *Gespräch um Zola...* (Hervorhebung H. O.). Struckmann fühlte sich der (Dresdener) Kolonne-Gruppe verwandt. Autoren wie Huchel, Eich, Raschke und Bauer standen im nahe. Kein Zufall also, daß er als Feuilletonleiter der „Krakauer Zeitung" diese Schriftsteller zu gewinnen versuchte.

Ein politischer Philosoph schweigt und wird zum Dichter

Michael Benedikt

„Wie konnte ein hochgesittetes, tüchtiges Volk in solches Unheil taumeln? Woher stammt die plötzlich ausgebrochene schlechterdings perverse Grausamkeit?" (Selbstkommentar Brochs zu den *Schuldlosen.*) Als Student der Naturwissenschaften zwischen Mach und Boltzmann, als Industrieller und Fabriksbesitzer, als Feuilletonist, politisch-historischer Schriftsteller bereitet sich Hermann Broch, Jahrgang 1886, bis zum Niedergang Habsburgs auf jene „Konkretisierung der Ethik" vor, die Politik heißt. Aber schon 1920 beginnt seine Emigration, welche in dem großen Roman- und Erzählwerk ab 1930 seine Fortsetzung, in der *Massenwahntheorie* und seinem politischen Engagement als Flüchtling in den USA bis zum Tod 1951 jedoch seine vorläufige Vollendung findet.

Wie aber stellt sich Dichtung und Philosophie, über den Kampf gegen Faschismus und Stalinismus hinaus, noch dar?

1. Ein Umweg: Die Wiener Bibliothek Brochs[1] und drei Hauptaspekte Leibnizens

So lade ich Sie denn zu einer Winterreise ein. Sie soll aus dem von Hermann Broch georteten Zyklon des allgemeinen Wertezerfalls, also aus Wien und in Erinnerung an 1903, zunächst anders wohin führen. Von einem Wertezerfall, von dessen Mitte atemberaubender Stille, da niemand mehr – „in fröhlicher Apokalypse" befangen und umgeben von Abziehbildern[2] eines zur Manier verronnenen Stils – die Katastrophe ahnt, aus Wien, von dem Broch zur Ausbildung in eine Textilschule schon 1905 ins Elsaß übersiedelt, wo dann auch unser Hauptwerk, die Schlafwandler, mit dem Blick auf Mitteleuropa,[3] spielt. Eine Reise heute, welche nicht, wie die von Martin Ranner nach dem dauernden Hin und Her zur letalen Dechiffrierung nur einer der Todesarten, wie die im Fall Franza[4] führt, obgleich gewisse Wegstrecken, wie die an Baden oder Teesdorf vorbei, mit Ingeborg Bachmann gemeinsam zu fahren sind. Weder also besuchen wir direkt Musils Geburtshaus nahe beim Bahnhof noch das der Ingeborg Bachmann nahe dem Flugplatz, noch auch die famosen Lesungen unter der Kuratel von Reich-Ranitzky & Cie. Wir besuchen vielmehr, an all dem vorbei, die Universität Klagenfurt. In einem der Kellergewölbe, in das nur dumpf der Master-Sound der Endabrechnung unserer überlebten Kultur, wie Hermann Broch dezidiert vermerkt, der Autobahnverkehr, sich vorbeiwälzt, werden wir fündig:

Unser Ziel ist ein Bibliotheksteil jenes Bibliotheksgrundstockes, vom Bibliothekar Otto Bauer, dem religiösen Sozialisten, im Exil, fein säuberlich am Central Park West in N. Y. City registriert, da sich Joseph Buttinger, der große Kärntner revolutionäre Sozialist, zusammen mit seiner Frau Muriel Gardiner als Mentor seit den 60er Jahren nur mehr den Sammlungen Vietnamesischer Bücher und Dokumentationen hingab und die Austriaca –

über 44.000 – 1971 der damaligen Bildungshochschule Klagenfurt überließ: *Ein* Bibliotheksteil ist also die karge mathematische, die historisch-literarische und die ungemein reichhaltige philosophische Wiener Bibliothek Hermann Brochs, aufgebaut in den Jahren 1909–1927/28, etwa rund 3.000 Bände, ergänzt durch weitere Zukäufe und vermindert durch die formal-naturwissenschaftlichen und die Kirchenväter-Bestände.

Als ich Otto Bauer, Buttingers Bibliothek, und ihn selbst, im Spätsommer 1951 besuchte, war damals gerade der geheimnisvolle Ankauf der von Wien nach Amerika transportierten Bibliothek vollzogen; Eva von Allesch hatte die Sammlung über den Krieg gerettet, sie wurde von Buttinger in seine Bibliothek einverleibt, da sie zwölf Tage nach dem Tode Brochs, am 15. Juni 1951 in Philadelphia erst angekommen und um ein Vielfaches an Buttinger durch einen Makler verkauft war, als dann der recht mittellose Erbe, der Sohn Hermann Brochs, tatsächlich ausbezahlt bekam: One buck a piece, Ein Dollar das Stück, in God we trust.

Jetzt sitzen wir also schon im schalreinbetonenen Kellergewölb, und durchsuchen den Schatz: Durchschnittlich jeder zweite Band enthält Unterstreichungen, Randbemerkungen, ausgedehnte Seitenregister oder Auszüge, an den ersten oder letzten Leerseiten bzw. in extra Blättern oder Zetteln eingebracht, wie dies unlängst von Klaus Amann und Helmut Grote in: Die Wiener Bibliothek Hermann Brochs, Wien 1990, so vorzüglich entziffert und registriert ist.

Die philosophischen Klassiker sind hier, die Aufklärung, vieles von der Moderne, aus der Umgebung des Wiener Kreises, Phänomenologie, Husserls Logische Untersuchungen, Neukantianer, einiges von Heidegger, teilweise die Scholastik, nichts jedoch von der umfangreichen Kirchenväterbibliothek.

Reichlich kommentiert erscheinen Spengler, Hegel, Schelling, Kant, die Logischen Untersuchungen Husserls; sehr intensiv etliche Ausgaben von Leibniz, einem der zentralen Philosophen, der ihm nochmals und endgültig die auch gesellschaftlich relevante Kosmogonie, ihre aristotelisch-platonische Stufung der Naturontologie, ineins mit der auch von Freud gesehenen Kompensationstheorie der Entmittelung des Universums, der Evolution aus dem Tierreich, dem Ursprung unseres Selbstbewußtseins aus dem Unbewußten, präsentiert.

Sehr wenig ist von den ethisch-politischen Schriften Leibnizens rezipiert und unterstrichen: Die natürlichen Gesellschaften mit Bezug auf den Platz des Nächsten als Basis für ein Recht des Nächsten; die Modifikationen menschlicher Knechtschaft durch neue Tausch- und Kapitalformen, durch gewerkschaftliche Zusammenfassung der Arbeitsteilungen, wie sie Friedrich Heer und Hans Heinz Holz dokumentiert, schließlich der Aufbruch der Ungleichheit unter Menschen im Recht des Nächsten wie bei Erik Wolf oder aber durch das Künstliche der technisch angewandten Wissenschaftlichkeit angeführt und ausgeglichen, sind kaum beachtet.

All dies nahezu Unbemerkte jedoch betrifft nicht direkt die Idee der Strukturierung, des Aufbaus, die Relativierung und die katastrophale Auflösung der Werte: Mit dem Begriff universeller Harmonie, zur commutativen und distributiven Gerechtigkeit umstilisiert, ist doch kein barocker Wert-Staat zu machen. Es fehlt das Prinzip der Fundierung der Werte, Voraussetzung von deren Zerfall.

Ich schlage die nach Dutens (also entsprechend dem Band II) geordnete Erdmannsche Ausgabe, nämlich Leibniz' Theorie der gesellschaftlichen Assoziation, ihrer Struktur, ihrer Textur gemäß, nach, welche schließlich Natur- und Handlungsmuster vereinen soll: Leibnizens berühmte Theorie des *vinculum substantiale*. Die ersten zwei oder drei Briefe des späteren Übersetzers der Theodizee, des Bartholomäus Des Bosses, die Vorbedingungen der in sich gestuften Aspekte des vinculum substantiale betreffend, ohne welches es keine objektive Realität, keine individuelle Existenz, keinen korrelativen Rapport zwischen Einzelnen und Großgruppen gäbe, weder deren Aufbau noch deren Zerfall, kurz die Vermittlung zwischen Naturontologie und derjenigen der künstlichen Gesellschaft, dieses gesellschaftliche Band freier Assoziation, fehlt. Nein, die Vermittlung fehlt selbstverständlich nicht, es sind alle so weit edierten Briefe, die Antworten, wie schon von Dutens gesammelt, da, aber nur die ersten drei unbedeutenden Briefe sind angestrichen. Der Rest, etwa 32 Briefe und Antworten, ist unberührt. Leibnizens große Theorie zur Fundierung der Werte, der quantitas perfectionis, fehlt in Brochs Rezeption. Nach Prüfung der anderen Ausgaben zeigt sich dasselbe Phänomen: Die einzige Dimension, welche Brochs Wertkonzeption, als letzter barocker Höhepunkt, der jetzt, von 1888 bis 1903, dann auf 1918 zu, präsent ist, auch in Brochs fünffacher Selbstinterpretation seines Romans, seiner späten Hofmannsthal-Schrift vorliegt, ist nicht angerührt, die Chance einer Revision der Fundierung der Werte im großen Drama des sich auflösenden Barock ist vertan. Die Winterreise ist vorläufig zu Ende. Der Leiermann wäre anzustimmen – 1919, also ein Jahr nach der fiktiven Schlußakte der Infamie der Sachlichkeit im Huguenau,[5] beginnt die große Auseinandersetzung mit dem Freund und Leibnizianer Paul Schrecker, worin Broch seine Meisterschaft mit Bezug auf die Aufschlüsselung neuer Gesellschafts- und Verfassungsformen in, während und nach dem Auseinanderbruch zeigt. Diese Auseinandersetzung wird uns verfolgen, sie ist Dokument österreichischer Verfassungsgeschichte.

Es folgt aber ein Jahrzehnt des Schweigens, keine Literaturkritik, keine prägnanten Einübungen ins Politische, welches für ihn alleweil die Manifestation des Ethischen war, nicht bloß im Zivilisationsjargon des Anstandes, dem Aufeinanderprallen von ineinandergefransten Relevanzen, vielmehr in der Infragestellung der Werte: Steigerungs-, Erhaltungsbedingungen eines jeweils sich gegen seine Hinfälligkeit im Aufstand manifesten Gemeinwesens, ein Übergang zur Solidarität ist nur als dieses gesinnungsethische Verzweiflungsprodukt Eschs in Sicht. Wir suchen gerade deshalb nach der eigentümlichsten Grundlegung der Wertkonzeption, der Vermittlung von Natur- und Gesellschaftsontologie, in Brochs Rezeption vergeblich, die Leibniz selbst in drei Stufen vorgelegt hatte.

2. William Johnstons Bezugnahme auf Brochs „Therapeutischen Nihilismus"

Der aus Königgrätz stammende Anatom Carl von Rokitansky (1804–1878) war bekanntlich, neben dem Grazer Chirurgen Vinzenz von Kern (1760–1809), einer der bedeutendsten Inauguratoren der zweiten Wiener medizinischen Schule jener abwartenden und der Diagnostik nachgestellten Therapie, welche schon in gewissen Zügen die erste Wiener Schule, etwa Gerard van Swieten und Johann Lukas Broer ausgezeichnet hatten.

Bekanntlich hat der Geistesgeschichtler William Johnston nicht nur beansprucht, den sogenannten therapeutischen Nihilismus „als Charakteristikum des Wiener (Kultur-)Lebens", auch dessen Kultur-Zerfall voranzustellen. Wenn es auch Gegner dieser negativen Therapie gegeben haben soll, von Bertha von Suttner bis Otto Neurath, so „verkörperten" nach Johnston etwa „Otto Weininger, Richard Wahle, Karl Kraus und Ludwig Wittgenstein die Überzeugung, daß sich" (wie ich meine, entgegen den berühmten zwei letzten Idolen Francis Bacons) „Krankheiten der Gesellschaft oder der Sprache einer Heilung entziehen." In mancher Beziehung erscheint aber Brochs Charakterisierung durch Johnston als therapeutischer Nihilist zu einfach, wenn er dessen lebensschwierige Anstrengung, die Vereinbarung von Kontemplation und Aktion, als mißlungen ansieht: „Broch hielt eine Kombination von Aktion und Kontemplation für unerläßlich", aber, wie Johnston sagt, „für unmöglich. Das Ergebnis davon war eine reductio ad absurdum: Die platonische Metaphysik war zum therapeutischen Nihilismus entartet. Der Don Quijote Broch, der sich als den letzten Sproß seiner Art sah, schrieb sich zu Tode, als er sich mühte, einer Elite begreiflich zu machen, um wieviel ärmer sie der Verlust der Transzendenz (also des Inbegriffes der Werte) gemacht habe. Sein Theoretisieren konnte weder zur Änderung seiner eigenen Verzweiflung beitragen noch zur Rettung jener Welt, die er betrauerte. Als in Erfüllung gegangene Prophezeiung beleuchtete das wenige, das von der Leibnizischen Vision übrig war, nur noch mit einem Totenlicht."[6]

Bekanntlich hat Broch aber nicht nur im Anschluß an seinen Roman „Die Schlafwandler" vier oder fünf Darstellungen, Kurzfassungen präsentiert, das Verhältnis von Ethos und den Zerfall der Werte betreffend. Vielmehr hat er dem letzten Roman-Teil des Triptychons, also dem Huguenau oder der Sachlichkeit neun philosophische Abhandlungen, Atemholen, Unterbrechungen, beigegeben, den Zerfall der Werte betreffend. Im „Historischen Exkurs, Zerfall der Werte"[7] scheint Broch auch beinah auf die Linie des therapeutischen Nihilismus einzuschwenken, wenn er feststellt: „Die Geduld der Menschen vor der Autorität der Logik ist schier unerschöpflich und sie läßt sich höchstens mit seiner unwandelbaren Geduld vor der ärztlichen Kunst vergleichen, und so wie der menschliche Körper den unsinnigsten Kuren vertrauensvoll ausgesetzt wird und dabei sogar gesundet, so erträgt die Wirklichkeit auch das unmöglichste Theoriengebäude – und so lange die Theorie nicht selber ihren Bankrott erklärt, so lange wird sie vom Vertrauen getragen, und die Wirklichkeit ordnet sich ihr unter. Erst nach erfolgter Bankrotterklärung reibt sich der Mensch die Augen, erst dann wendet er sich der Wirklichkeit wieder zu, verlegt den Quell seines Wissens vom Gebiet des Vernunftschlusses auf das der lebendigen Erfahrung."

Eingehen möchte ich hier weder auf Brochs Relativierung dieser letzten These in der Frage: „Hat diese Zeit noch Wirklichkeit" durch den drauf folgenden erkenntnistheoretischen Exkurs, da er dem Vernunftschluß sein ursprüngliches Recht der Erfahrung des Überganges aus dem Mythos in die Rationalität wieder gibt; nur eben sein Schwanken zwischen der Ambivalenz und der Ablehnung des therapeutischen Nihilismus angesichts der vollauf ungenügenden Fundierung der Wertdimension selbst im Strukturmuster zwischen Gesellschaftsontologie und Naturontologie ist auffällig. Verfehlt wurde eine entsprechende Lösung in seiner fichteanisch neukantianischen „Setzung der Setzung" des vorausgesetzten Logos, dem die Bedingung der Erfahrung nicht bloß der Gegenstände der Wissenschaft, nein, in der größten Not der Sachlichkeit auch die freie menschliche Assoziation, das Zueinander der Übersetzung im Sprachenbabel, eben der Geist des vinculum substantiale superadditum zugemutet wird. Aber gerade dies hat sich Broch, wie wir jetzt wissen, radikal durch Ignoranz verbaut.

So haben wir uns indirekt jener grandiosen Einsicht in das vinculum superadditum zuzuwenden, welches er als Philosoph mißachtet, als Dichter aber beansprucht.

3. Brochs Werdegang

Hermann Broch stammt aus altösterreichischer, jüdischer, teils mährischer, teils Altwiener Herkunft. Sein künstlerisches opus magnum (Die Schlafwandler, Die Schuldlosen, Tod des Vergil, Bergroman bzw. Verzauberung) steht in dreifacher Spannung der Autorenschaft: als Korrespondent und Student mathematisch-naturwissenschaftlicher Forschung, als Fabriksleiter und Industriellenberater ökonomisch-politischen Engagements und als Feuilletonist und Autor großen poetischen Zuschnitts. Die stiftende Kraft hingegen ist die eines leidenschaftlichen, wenn auch ungeduldigen philosophischen Kopfes, in harter Auseinandersetzung zwischen den zeitgenössischen Strängen wissenschaftlichen Empirismus und Positivismus eines Mach und Boltzmann und den ethischen Rezeptionen Kants durch Jodl und Weininger, der marxistischen Kantianer und Cohen.[8] Durch dieses Ferment hindurch erkämpft er sich im Durchblick durch die romantische Ästhetik und deren idealistische Hintergrundfiguren einen pointierten und hochstilisierten Zugang zum Ästhetizismus des Fin de Siècle und seiner Folgen, zu Hofmannsthal, Beer-Hofmann, zu Karl Kraus und später Musil, zu Schnitzler und Stefan Zweig, zu Thomas Mann und Elias Canetti.[9] Die frühen kulturkritischen Arbeiten, von Goethe, den Romantikern und Karl Kraus inspiriert, bereiten aber dasjenige vor, worum sich sein im Roman gestaltetes Hauptwerk dreht: Was heißt Wertzerfall und Wertvakuum?[10]

Für Broch ist Wert – universalistisch gedacht – eine gestaltend-organisierende Einheitskonzeption, welche jeder wissenschaftlichen Hypothese, jedem künstlerisch-poetischen Stilausdruck, jeder politisch-praktischen Handlungsform zwischen Stiftung und Verwurzelung vorausliegt. Zuwenig deutlich hat er sich allerdings gegenüber den Transformationsstufen der platonischen Idee abgegrenzt, zu wenig sich durch Nietzsches Platon-Kritik durchgerungen, zu wenig dessen Bestimmung der Werte als Steigerungs- und Erhaltungsbedingungen auch des biologisch reduzierbaren Lebensausdrucks philosophisch seziert, zu wenig eben dessen entscheidende Konfiguration bei Leibniz[11] gefaßt: Inwiefern nämlich „Idee" als Wertinbegriff vom Gegenpol und Gegensatz des positivistischen Materials selbst abhängt, bleibt unbefragt.

Umsomehr jedoch poetisch: Canetti zitiert in seiner zuerst von Erich Fried herausgegebenen Rede zu Brochs 50. Geburtstag aus der Betrachtung Brochs über James Joyce's Romanwerk von 1936: Die Philosophie habe sich – man hört hier Brentanos Skepsis der letzten, also mystischen, Groß-Epoche durch – in unserem „Zeitalter der Universalität selbst ein Ende gesetzt, sie mußte ihre brennendsten Fragen aus ihrem logischen Raum entfernen oder, wie Wittgenstein sagt, ins Mystische verweisen. Und dies ist der Punkt, an dem die Mission des Dichterischen einsetzt, Mission einer totalitätserfassenden Erkenntnis, die über jeder empirischen oder sozialen Bedingtheit steht und für die es gleichgültig ist, ob der Mensch in einer feudalen, einer bürgerlichen oder in einer proletarischen Zeit lebt, Pflicht der Dichtung zur Absolutheit der Erkenntnis schlechthin."[12]

Somit müssen wir den von Broch soziokulturell vermerkten Wertezerfall denn im Zug zunächst seines Neuen Romans verfolgen, und hier ist er im österreichischen Umfeld mit Kafka, Musil und womöglich mit Canettis Blendung verglichen worden. Vor allem aber die Schlafwandler: Pasenow oder die Romantiker zeigt die erste ästhetisierend-erotische Verfallsstufe einer ehedem harmonikalen Wertekonzeption auf; deren österreichisches Muster sieht Broch offenbar in der Leibniz'schen Barockwelt, und zwar optimal in der Reichshaupt- und Residenzstadt zentralmonadisch manifestiert. Daß dies aber nur zum Scheine stimmt, weiß der Kenner unterdessen: Denn daß in Österreich gerade ein nach Naturontologie, Gesellschaftsontologie und struktureller Konzeption dreifach beschnittener Leibniz, jeweils ergänzt durch eine Form der pietas austriaca (also der adoratio crucis, der veneratio eucharistica, der contemplatio immaculatae) vorherrschte, dies wußte Broch wohl nur katholisch-intuitiv, in den neun Abschnitten seines Wertezerfalls im dritten Teil des Romans ist das nur schwer zu eruieren, der Nachlaß in New York zeigt einiges Relevantes; die monadisch konzipierte Naturontologie wird hier, in Österreich, aber ihrer spekulativen Dimension beraubt, daß nämlich jedes kontingente Wesen seinen Grund ebenso repräsentiere wie Gott den Grund seiner Wesenheit; und daß der „Platz des Nächsten" der Mensch gewordene Ursprung der Zentralmonade ist, dies wird schlicht in der adoratio eucharistica verdrängt; und daß zugleich dieser vermeintliche Durchbruch durch die geschlossene Menschenwelt natürlicher Gesellschaften nochmals gebunden ist in einem pneumatischen, gemeinschaftsstiftenden und symbolisch ungemein dichten Band mit jenem Prinzip und jenen Folgen der ersten Schöpfungs-Natur, dies „vinculum substantiale" ist den Spöttern Ärgernis, den Autoritätshörigen Lästerung gegen die Verehrung der Immaculata, wenigen aber als der ursprünglichste „orthodoxe" Gedanke Leibnizens aufgegangen.[13]

4. Brochs Politische Theorie

Nun ist aber jene Auflösung der Werte, deren Erinnerung, deren Suche nach verlorener Zeit, nicht nur negativ besetzt: In seinen frühen politischen Essays ebenso wie in seinen Auseinandersetzungen mit Hofmannsthal, mit Thomas Mann, mit Musil, kommt ein politischer Gedanke zum Tragen, der aus dem Gefüge der Antagonismen zwischen Lorenz v. Stein und Konstantin Frantz, aus einer Perspektive zwischen Max Weber und Kelsen, oder aber einer Divergenz zwischen A. Schütz und Lukács entstammen könnte. Wenn hier aber ein vollständig neuer politischer Rahmen für einen souveränen Ausblick aus dieser kleinen vielerprobten Welt umrissen wird, so fehlt im Durchblick durch das Wertevakuum, abgesehen vom Hintergrund der Werte selber, gerade die neue Welt der gelungenen Einbindung des unbeschädigten Kernes dieses angeblich verlorenen Paradieses in das je größere Umgreifende.

Zunächst aber stellt sich Broch in seinem Aufsatz *Konstitutionelle Diktatur und demokratisches Rätesystem*[14] aus dem Jahre 1919 die Frage, wie die aus dem petrifizierten Neoabsolutismus der konstitutionellen Monarchie herausgetretene neu geborene Quasidemokratie ihre sowohl staatliche als auch populistische Legitimität, ihre ökonomische Souveränität wie auch kulturelle Spontaneität gewinnen kann, ohne bloß ein permanentes Provisorium auf Abruf bleiben zu müssen. Es gehe um eine vollauf veränderte Situation: Durch die Emanzipation sowohl der industriell als auch der bäuerlich Werktätigen, ohnedies der Gewerbetreibenden, womöglich der Künstler und Gelehrten, sei nun die Möglichkeit einer die bloße Repräsentation hinter sich lassenden Herrschaftsform des Volkes gegeben. Daß dies zugleich eine „Revolutionierung aller Wirtschaftsgruppen" zum Zweck einer sozialen Ökonomie, vielleicht sogar einer ökosozialen Selbstorganisation impliziere, möchte Broch, der Manager und Unternehmer, vorsichtig vorschlagen: „Und da die Fabriken nicht die einzigen Zellen des Wirtschaftslebens darstellen, so sind auch alle übrigen Berufe und ihre … sozialen Schichtungen adäquat zu berücksichtigen",[15] nämlich in den gesetzgebenden, ebenso wie den exekutiven, ohnehin den juridikativen Körperschaften.

Nun hat aber Broch die nationalökonomischen und politologischen Analysen seines Freundes Paul Schrecker *Für ein Ständehaus,*[16] ebenso dessen Vorstudien *Bemerkungen zur Verfassungs-Reform in Österreich*[17] einigermaßen mißverstanden, indem er die neu zu konstituierenden Arbeiterräte in einer *zweiten* Kammer der gesetzgebenden Körperschaft einzubringen gedachte, die *erste* Kammer hingegen[18] teils schon zur Auflösung vorbereitet sah, teils aber den seit der Französischen Revolution hervorwachsenden Parteien zuschob. Damit hat er, wie von Fritz Valjavec mehrfach eingebracht,[19] weder die gewachsene Struktur der mitteleuropäischen Parteienfächerung für das trotz des Wertezerfalls funktional überwindbare Wertevakuum transformiert; noch auch hat er die Funktion des ehedem despotisch, oligarchisch, ochlokratisch orientierten Herrenhauses, durch beide Scheinrevolutionen, der bürgerlichen und proletarischen hindurch, eben zu einer Räte-, auch Ständeorganisation, zur Umbildung vorgeführt. Deshalb bleibt sein ständisch und räterepublikanisch orientierter Gedanke einer Umstrukturierung der *zweiten* Kammer eine offene Flanke gegenüber den Aberrationen der nationalsozialistischen faschistischen und der stalinistischen Ansprüche, ebenso wie gegenüber monopolkapitalistischen Prätentionen ungeschützt. Dem Argument des sofortigen Auseinanderfallens des Rätesystems in nationale, sozialistische, christlichsoziale Fraktionen, wie am Beispiel der Argumentation Otto Bauers[20] vorgebracht, stimmt gerade dann nicht, wenn die zweite Kammer genügend zentral und stark, zugleich parteidistribuiert ist, aber eben nur relativ auf die erste, parteiungebundene, gesetzgeberische Funktion hat. Durch die ständische Zusammensetzung der zweiten Kammer nach der Broch'schen Einsicht wurde nämlich genau diejenige dynamische und zugleich kompakte Verfassungsform verabsäumt, welche einem modernen Staatswesen, auch im Verhältnis zu anderen, ehemals integrierten oder antagonistischen Gefügen eine entsprechende vernetzte Konstellation im Zeichen der komplexen technologischen, administrativen und ökonomischen Strukturen eben zusteht.[21] „Die Zweiteilung der gesetzgeberischen Gewalt in ein demokratisches Parlament und ein demokratisches Rätesystem"[22] ist im Sinne Brochs deshalb so lange handlungsuntüchtig, als nicht die Transformation der ersten Kammer in parteilose Räte, Stände und Regionen, ebenso wie die Konzentrierung und Stratifizierung der zweiten Parteienkammer gelungen ist.

5. Das Wertevakuum

Alfred Schütz' dynamische Epochen und die drei Hauptphasen des Triptychons: „Die Schlafwandler"

Zu gleicher Zeit, als Broch hier in Wien seine Geschichtstheorie der verlorengegangenen Barockarchitektur eines feudalen Herrschaftstaates mit Ausbaumöglichkeiten und Degenerationsformen konzipiert, legt Alfred Schütz die Grundlage zu seiner späteren Abfolgekonsequenz: Jeder Kulturstaat, sein Wertensemble als Steigerungs-Erhaltungstextur wird durch innere Komponenten der Relationsgefüge wie Tausch, Arbeitsteilung in Technik angewandter Wissenschaft wie auch Relationen nach außen zum Zivilisationsgefüge bedingt durch dessen Rollen- und Anstandsregeln und Relevanzen, ebenso wie gegenüber dem Außengefüge als Korrelativität nach Umwelt-Mitwelt und Nachweltverhältnissen. Die moderne Informationsgesellschaft in den genannten Zügen ist die technisch-pragmatische Prägung eben der Zivilisationsrelevanzen, in denen Wertegefüge nur mehr als museal oder drohend regressiv ihre Bedeutsamkeit zeigen. Die vielmals chaotisch und anarchisch erscheinenden Modifikationen des Auflösens und Ineinanderlappens von Zivilisationsformen zeigen aber neben der Übergangsdynamik und deren chaotischere Massenwahnprägungen überraschend doch schon ein Indiz des künftigen, zugleich schon präsenten ethischen Gemeinwesens in Anerkennung menschlicher Würde.

Weil aber die Verdrängung des Leibniz'schen wohlfundierten Übergangs der felicitas publica in die umfassendere, wohl auch unsere Willensanstrengungen bindende beatitudo, jedoch in österreichischer Manier zum Inbegriff der pietas austriaca und seiner drei kultischen Geheimnisse – der adoratio crucis, der contemplatio eucharistica und der commemoratio der immaculata conceptio[23] – umstilisiert wurde und eben nicht in das Verhältnis von natürlichen und künstlichen Formen der Gesellschaft eintrat, deshalb konnte auch der zwar postulierte Friede mit dem jeweils Anderen nicht erreicht werden. Ebenso ist die Naturontologie Leibnizens, welche ohne jene beiden complementa, die Gestaltung der Gesellschaft und deren Bindung an jene Naturontologie, gar nicht recht begreifbar ist, zu einem Wolff'schen abstrakten Gerüst verkommen und bestenfalls noch durch die Naturphilosophie des Dalmatiner Jesuiten Boskovic aufgerüstet.[24]

Wenn also Broch das Werte-Vakuum im Zentrum Österreichs, den Wertezerfall durch zunächst die Supplierung des konkretisierenden Grundes der sich organisierenden Krafteinheiten, also die harmonische Monadenwelt, durch das Ästhetische (Pasenow oder die Romantik), das opportunistisch-Pragmatische, gebrochen in moralischer Autarkie, (Esch oder die Anarchie) und das technokratisch-ökonomische (Huguenau oder die Sachlichkeit) rekonstruiert,[25] dann nähert er sich auf der Suche nach dem Bürgerlichen zwar den sich wiederholenden Zeichen des Überganges vom Barock in den aufgeklärten Despotismus, von hier in die Restauration, von da in den Schein-Liberalismus: Die Ritualisierung der säkularisierten Flügel des naturalistischen Zentrums der sich langsam zivilisierenden und adaptierenden Gesellschaftsformationen sind aber nicht durchgebildet, wie wir dies in den wechselnden Auftritten des Zerfalls der Werte des dritten Abschnittes des Romans einsehen können.[26] Der Wertezerfall ist deshalb nur eine nicht erkannte Oberfläche des Zerfalles im Verhältnis von Humanität und naturbedingter Lebenswelt, wie wir dies ja schon in Leibniz' monumentalem Werk angesichts der bedrohten Welt infolge der Religionskriege, des Großmachtstrebens und den nicht vereinbarten Dimensionen von Technik und Ökonomie betrachten konnten.

6. Bemerkungen zu den Exkursen

Noch einiges Philosophisches zu den Romanen sei gestattet, besonders mit Blick auf die „Schlafwandler." Ich kann natürlich nicht alle neun Exkurse und deren akkuraten literarischen Platz vorstellen. Hier also besonders zur erkenntnistheoretischen Reflexion, einer teils Leibniz überholenden Spielart konstitutiver Synthesis, welche den Verlust der Ontologie, die der Zusammenführung ihrer gegenstrebenden Fügungen zumal, voraussetzt.

Erkenntnistheoretischer Exkurs:

1. These: „Die Geschichte besteht aus Werten, weil das Leben bloß unter der Wertkategorie zu erfassen ist – aber diese Werte können nicht als Absoluta in die Wirklichkeit eingeführt werden, sondern können bloß im Zusammmenhang mit einem ethisch handelnden wertsetzenden Subjekt gedacht werden."
2. These: „Die Geschichtsreife, die Biographiereife der wertsetzenden Tat ist von der Absolutheit des Logos bedingt. Denn das effektive oder fiktive Wertsubjekt kann bloß in der Einsamkeit seines Ich imaginiert werden, ...deren Zwang es ist, das Tun unter solch logische Plausibilität zu stellen."
3. These: „Die Welt ist Setzung des intelligiblen Ichs, denn unverloren und unverlierbar bleibt die platonische Idee. Doch die Setzung ist nicht aus der Pistole geschossen, es können nur immer wieder Wertsubjekte gesetzt werden, die ihrerseits die Struktur des intelligiblen Ichs widerspiegeln und die ihrerseits ihre eigenen Wertsetzungen, ihre eigenen Weltformungen" – „effektive oder fiktive" – vornehmen.

Nicht nur verfährt also Broch hier logozentristisch, nicht nur imputiert er, wie schon auch Brentano, der wertsetzenden Instanz die Analogie der intelligiblen-szientifischen Wahrheitsmacht – vielmehr erklärt er zuletzt die Struktureinheit der diese beiden verbindenden Instanzen als Ausdruck des nur mehr dichterisch erfahrbaren Mystischen: Anstelle daß der lebendigmachende Geist zwischen ontologischer Naturwahrheit, ihrer Schöpfungsinstanz und Gesellschaftsrelevanz als der Referenz aufs Gute der authentischen Gemeinschafts- und künstlichen Handlungsform hin geortet erscheint und strukturell ausdrücklich darstellbar ist, wird wie bei Brentano Wahrheitsnorm und Handlungswert zu einem intellektuellen Analogon kontrahiert: Damit dies auch hinsichtlich seiner Realbeziehung auf Verfallenheitsstrukturen weltlicher Manierismen und Zersplitterungen erst als Wert apostrophiert ist, wird jener Logosstruktur Primärinstanz, als deren innerstes Gefüge eine in die Transzendenz gehobene Intelligibilität zugemutet. Unter dieser Bedingung erscheint das Verhältnis Esch-Bertrand, also der Übergang aus dem ersten in den zweiten Roman, erscheint die Explosion der Anarchie in opportunistische Sachlichkeit, wie im dritten Roman des Triptychon, eben als Ausdruck von Wertezerfall. Deren Ursprung ebenso wie deren reale Dynamik, von Kulturbedingtheit unserer Werte zur Anarchie der in sich zerrütteten

Gesellschaftsordnung des Massenwahns als Ausdruck eben jener Rückkehr ins repressiv Archaische, dessen Überwindung eben nur über eine neue Sachlichkeit, nämlich die der Relevanzen vergleichender Zivilisationen, fern aller Opportunität, führen könnte, ist philosophisch verzerrt, wenn auch dichterisch eingebracht. Der Übergang ins ethische Gemeinwesen hingegen gelangt mangels an Fundierung der Werte in der Würde des vinculum substantiale, des einigenden Bandes, nicht zum eindeutigen Durchbruch, bleibt schillernde Hoffnung.

So bleibt auch Broch selbst mit seiner Insistenz aufs mystische Zeitalter bzw. dessen postmoderne Überwindung im Ganzen Brentanoschüler. Innerhalb dieser Ansprüche präsentiert sich aber der Übergang von Toleranz zur Anerkennung der Würde des je Anderen.

7. Nach dem Krieg: UNESCO-Philosoph oder Engagement für die Würde des künftigen Weltbürgers

Ein entscheidendes Moment, weiteres Resultat des Kulturpessimismus des Wertezerfalls, kommt aber hinzu, das sich am ehesten teils in Brochs späten Überlegungen zu Hofmannsthal, teils aber in seinen Auseinandersetzungen mit den durch Jalta entstandenen,[27] aber wohl schon in den zwanziger Jahren vorbereiteten Groß-Blöcken abzeichnet. Aufgrund seiner Theorie vom Wertezerfall sieht Broch nämlich weder zu Beginn der zwanziger Jahre noch im Rückblick von den Dreißigern bzw. aus dem späten Rückblick aus der Emigration eine reale Möglichkeit, den schon in Hegels Geschichtsphilosophie angezeigten Großmachtstrategien aus Ost und West, auch deren Wirtschaftsystemen, zu entgehen: Brochs Nachfolgefreiraum in den aus den Schlachtbänken der Geschichte ausgetretenen[28] mitteleuropäischen Restprovinzen ist deshalb zunächst ein Muster der bloß geistigen Zusammenballung zwar höchster Brisanz, die er in den Dichtern seiner Zeit, eben dieser zwanziger Jahre, als souveräne Gegenbewegung gegen jene Blöcke, wenn auch in pseudoreligiöser (Rilke, Hesse), ästhetischer (Schnitzler, Hofmannsthal), und eben ethischer Provenienz (Canetti, Broch), konkretisiert sieht.

Broch gesteht demnach der Lebendigkeit des Geistes souveräne Neutralität zwischen Kommunismus und Kapitalismus, zwischen verstaatlichtem Rätesystem und gewerkschaftlich relativiertem Demokratismus des American way of life[29] zu. Was aber mangelt, ist die pointierte und historisch fundierte sowohl zeitweilige wie langzeitliche aktive Neutralitätskonzeption in politischer Dimension, gleichsam das Ambiente der von ihm zu Recht eingeklagten aber verkehrten Dynamisierung der gesetzgebenden Kammern. Es dreht sich also um eine derartige zentraleuropäische, auch die jeweils andersartigen Systeme umgreifende politische Energie des aus dem Schlafwandel neuerweckten Geistes, der sich die ihm eigentümliche interesselose neutrale Distanz im Spannungsfeld zwischen kultureller und ökonomischer Souveränität gemäß der Idee „internationaler Sprach- und Arbeitsgemeinschaft“ (Musil) aufbaut. Allerdings fehlte Broch selbst noch 1950, in seine neue rettende Ideologie des American way of life befangen, die realpolitische und realökonomische Weitsicht (man vergleiche das Interview mit Egon Vietta,[30] eine aktiv neutrale Gürtelzone von Skandinavien bis zum Balkan, unter Einschluß seiner Heimatterritorien für die von ihm als notwendig erachtete Konsolidierung der geistigen Kapazitäten Europas zu konzipieren.

Unsere These lautet abschließend, daß Broch ein zu großer Dichter war, als daß er die sich verbaute Dimension der Macht des Geistes, des vinculum substantiale superadditum auf Dauer hätte verleugnen können: Es ist die treibende Kraft, aus der Sphäre der Kulturmanifestation und Kulturzerstörung in die Relevanzen und Anstandsprätentionen der Rollenspiele, verkehrter Schein unserer fruchtbaren Zivilisations-Anarchie eben der scheinbar blühenden Gemeinwesen der Egozentrik in das Chaos nach dem Chaos überzugehen, in die neue Sachlichkeit, welche eine Vorbotin ist des ethischen Gemeinwesens, vergeblich angestrebt durch den vielfachen Verrat nicht nur der Wertkonservativen, der Fortschrittlich-Liberalen, auch der Sozialdemokratie: Der Solidaritätspfeil der drei Pfeile im Kreise ist durch Menschenverachtung und Sicherung des Eigentums statt Solidarität und Fraternité mehrfach zerbrochen.

Mitten im Chaos dieser neuen bis heute bedrohenden Sachlichkeit, bei allem Rückfall in die vorkulturelle Barbarei, erhebt sich aber dennoch in der Kunst wie in der zur Politik gereiften sittlichen Einsicht, auch durch Brochs Romanwerk, gleichsam das Antlitz der Würde – die Würde aus dem substantialen Band der Vermittlung verlorengegangener Schöpfung mit den Ansprüchen natürlich-künstlichen Gemeinwesens, von welchem Band die Norm der Werte eben nur ein Bastard ist – und fordert die in sich gebrochene Solidarität zum Wiedererstehen der Dignität des Menschen heraus, „Einheit der Welt, Einheit des Menschen, aufscheinend in allen Dingen, unverloren und unverlierbar über Räume und Zeiten hinweg.“[31]

Nicht also Wertkonservativismus mit verbaler Strukturbereinigung neuer Sachlichkeit der wohlgefügten Zivilisationsrelevanzen, nicht auch Bannung der Anarchie durch substanzlose, weil in sich gebrochene Solidarität, vielmehr Vorbereitung auf den Übergang von Toleranz zur Achtung der Würde der neuen Weltbürger in einer nie dagewesen gefährdeten Welt, im Zeichen der Wesenlosigkeit der unterdessen anhebenden Informationsgesellschaft. Und trotz allem:

„Es ist die Stimme des Menschen und der Völker“ – so endet Huguenau oder die Sachlichkeit – „die Stimme des Trostes und der Hoffnung und der unmittelbaren Güte: Tu dir kein Leid! Denn wir sind alle noch hier!“

Anmerkungen

[1] Vgl. M. Benedikt, „Hermann Brochs Schweigen in den zwanziger Jahren“, in: *Neues Forum,* Wien Okt./Nov. 1990, S. 52 ff.

[2] Vgl. M. Benedikt, Lonnie Johnson, „Der fröhlichen Apokalypse Abziehbilder“, in: *Kunst in Wien um 1990,* Ausstellungskatalog, Hrsg. Victoria Lunzer-Talos und H. Lunzer, Wien 1986, S. 12 ff.

[3] William M. Johnston hat in der Sammlung absurder Gestalten österreichischer Geistesgeschichte auch Broch zu einer entarteten Figur des „therapeutischen Nihilismus“ degenerieren lassen. Vgl. W. M. Johnston, *Österreichische Kultur- und Geistesgeschichte,* Wien 1972, S. 318 f.

[4] Vgl. Ingeborg Bachmann, *Der Fall Franza,* Werke, Sonderausg. 1982, Bd. 4, Wien 1982

[5] Vgl. Hermann Broch, *Huguenau oder die Sachlichkeit,* der dritte Roman aus *Die Schlafwandler,* in: Kommentierte Werkausgabe. Hrsg. Paul M. Lützeler, Bd. 1, Frankfurt am Main 1978, S. 383 ff. Ebenso die Exkurse S. 418, 435, 444, 461, 470, 495, 533, 578, 618

[6] Siehe W. Johnston, a. a. O., S. 230, 319 f.

[7] Hermann Broch, a. a. O., S. 535 f.

[8] Vgl. Paul Michael Lützeler, „Hermann Broch als Kritiker des Wien der Jahrhundertwende“, in: *Ornament und Askese,* Hrsg. A. Pfabigan, Wien 1985, S. 178 ff.

[9] A. a. O. S. 182–187. Vgl. hierzu Hermann Brochs literaturkritische Arbeiten in: *Schriften zur Literatur,* Bd. 9/1 und 2 der Kommentierten Werkausgabe in dreizehn Bänden, Hrsg. P. M. Lützeler, Frankfurt/Main 1975

[10] Vgl. die zehn Thesen zum Zerfall der Werte in H. Broch: *Die Schlafwandler,* Bd. 1 der Werkausg., a. a. O., S. 418–689

[11] Wenn nun sowohl in seinen philosophischen Studien (Bd. 10/1, 2 d. Werkausgabe) als auch in seiner Studie Hofmannsthal und seine Zeit (9/1) sehr deutlich Leibnizens vielfältig gestaltete Harmoniekonzeption – in ihrer kompensationstheoretischen Form bekannt aus Theodizee und Monadologie – als Hintergrund seiner Wert-Konzeption hervortritt, so hat er gerade die entscheidende Dimesion der Ableitung von Wertform aus dem Verhältnis von Naturontologie und Gesellschaftsontologie bei Leibniz, wie gesagt, nicht ausdrücklich thematisiert.

[12] Vortrag von E. Canetti in E. Fried: *Welt im Kopf,* Wien 1962, S. 98

[13] Vgl. hierzu Michel Serres, *Préface zu L'être et la relation; avec Trente-cinq lettres de Leibniz au R. P. Des Bosses,* Paris 1981; unter Bezugnahme auf seine Studien zu Leibniz, sowohl in den Cahiers Hermes I–V, zuletzt: *Der Parasit,* Frankfurt/Main 1983. Vgl. hierzu schon M. Blondel, *Un énigme historique. Le vinculum substantiale d'après Leibniz,* Paris 1898, ebS. V. Mathieu, *Leibniz e Des Bosses,* Turin 1956

[14] Vgl. Bd. 11, a. a. O., S. 11 ff.

[15] A. a. O., S. 17

[16] Wien 1919

[17] Anonym unter: *Philodikos,* Hellerau-Wien 1917

[18] Vgl. hierzu Gerald Stourzh, *Die Entwicklung der ersten Kammer in der österreichischen Verfassung,* Wiener Dissertation 1951

[19] Vgl. Fritz Valjavec, *Die politischen Strömungen in Deutschland,* München 1951

[20] H. Broch, *Konstitutionelle Diktatur,* a. a. O., S. 19

[21] Dabei hat Schreckers Studie *Für ein Ständehaus,* a. a. O., S. 17 ff., sehr gründliche statistisch untermauerte Vorstudien zur berufsständisch strukturierten alternativen Kammer vorgenommen.

[22] Broch, a. a. O., S. 22. Vgl. hierzu Hans Hautmann, *Geschichte der Rätebewegung in Österreich,* Wien 1987

[23] Vgl. A. Coreth, *Pietas Austriaca. Ursprung und Entwicklung barocker Frömmigkeit in Österreich,* Wien 1959

[24] Vgl. F. Zenko, „A Fundamentally Philosophical Horizon of Boskovic's “Theory”, in: *The Philosophy of Science of Ruder Boskovic,* Ed. I. Macan, S. J., Zagreb 1987, S. 179 ff.

[25] Dies sind die drei Titel der drei Romane des Gesamtwerks, *Die Schlafwandler*

[26] Vgl. oben Anm. 5, 10

[27] Vgl. hier vor allem die Aufsätze „Die Zweiteilung der Welt“ (1946), „Strategischer Imperialismus“ (1947) und „Trotzdem Humane Politik. Verwirklichung einer Utopie“ (1950), in: *Politische Schriften,* Bd. 11., a. a. O., S. 278 ff.

[28] Vgl. Ingeborg Bachmann, *Wir müssen wahre Sätze finden,* München 1953, S. 79 f.

[29] Vgl. H. Broch, „Nationalökonomische Beiträge zur City of Man“ von 1941 und „Die Demokratie der Versklavung“ (1949), in: *Politische Schriften,* a. a. O., S. 91 ff.

[30] Vgl. „Der Schriftsteller in der gegenwärtigen Situation“, Bd. 9/2, a. a. O., S. 249–262, als Vorlage zu dem imaginativen Gespräch: „Der Intellektuelle im Ost-West-Konflikt“, a. a. O., Bd. 11, S. 460 ff.

[31] Vgl. H. Broch, *Die Schlafwandler,* a. a. O., S. 624. Genau diese Würde ist jedoch Triebfeder des Manifestes im Übergang aus der Zivilationsverbindlichkeit ins ethische Gemeinwesen, welchen Alfred Schütz in mehreren Anläufen zu erreichen trachtet.

Die Autoren

KURT BARTSCH, geb. 1947 in Graz. Studium der Germanistik, Philosophie und Kunstgeschichte in Graz und Tübingen. Dr. phil., Prof. für Neuere Deutsche Literatur. Publikationen u. a.: „Ingeborg Bachmann“, 1988; „Trans-Garde. Die Literatur der Grazer Gruppe“, 1990.

MICHAEL BENEDIKT, geb. 1928 in Wien. Dr. phil., o. Univ.-Prof. Studium der Philosophie, Soziologie und Psychologie in Wien, München, Freiburg und St. Paul (Minneapolis). Publikationen u. a.: „Wissen und Glauben“, 1975; „Bestimmende und reflektierende Urteilskraft“, 1981.

ENDRE KISS, Jahrgang 1947. Dr. phil., Ass.-Prof. am Lehrstuhl für Philosophiegeschichte an der Universität Loránd Eötvös, Budapest. Wichtigste Publikationen: „Der Tod der k. u. k. Weltordnung in Wien“, 1977; „Hermann Brochs Theorie des Romans“, 1981.

TAMÁS LICHTMANN, geb. 1949 in Debrecen. Studium der Germanistik und Literaturwissenschaft in Debrecen und Berlin. Dr. phil., o. Univ.-Prof. für Germanistik an der Lajos Kossuth Universität. Zahlreiche Publikationen.

HUBERT ORLOWSKI, geb. 1937 in Podlejki. Dr. phil., o. Univ.-Prof. Studium der Germanistik. Träger des österreichischen Ehrenkreuzes für Wissenschaft und Kunst I. Klasse. Publikationen u. a.: „Literatur im Dritten Reich“, 1975; „Polnisches Schrifttum unter Zensur“, 1988.

ANDREAS PUFF-TROJAN, geb. 1960 in Wien. Dr. phil. Studium der Gemanistik, Philosophie, Sprachwissenschaften und Logistik. Mehrere Forschungsreisen nach Deutschland, Frankreich und in die Schweiz. Lektorate für deutsche Sprache und deutschsprachige Literatur in Budapest und Paris. Zahlreiche Publikationen.

BURGHART SCHMIDT, geb. 1942. Dr. phil., Prof. habil. Studium der Biologie, Chemie, Physik, Philosophie, Kunstgeschichte und Soziologie in Tübingen. Publikationen u. a.: „Postmoderne – Strategien des Vergessens“, 1986; „Kritik der reinen Utopie“, 1988.

Die Herausgeber

JOHN PATTILLO-HESS, geb. 1943 in Santiago de Chile. Dr. phil. Studium der Philosophie, Kunstgeschichte und Logistik in Temuco, Santiago und Wien. Seit 1984 in der Erwachsenenbildung in Wien tätig. Leiter des Canettti-Symposions.

WILHELM PETRASCH, geb. 1939 in Wien. Dr. phil. Studium der Geschichte und Germanistik. Seit 1969 aktiv in der Erwachsenenbildung tätig, seit 1974 Direktor der Wiener Urania. Publikationen u. a.: „Literatur in der Volkshochschule“, 1974; „Für neue Wege in der Erwachsenenbildung“, 1979; „Kulturraum Donau“ (Hg.), 1991.